# 足球实战训练

## 比赛是最好的导师

[德] 德特勒夫·布吕格曼 著

王新洛 曹晓东 译

人民体育出版社

# 目 录

献给魅力的足球 ………………………………………………（5）
前言（一）………………………………………………………（8）
前言（二）………………………………………………………（9）

1 足球执教新理念 …………………………………………（10）

2 发展基础技能通 向高水平的必由之路 …………………（13）
    2.1 发展阶段 ……………………………………………（13）
    2.2 训练不能违背生长发育规律 ………………………（15）
    2.3 低气压球可提升自信和灵活性 ……………………（17）
    2.4 儿童初始体验的足球训练示例 ……………………（20）

3 适合的练习 点燃训练热情 ……………………………（23）
    3.1 概述 …………………………………………………（23）
    3.2 建立适合的训练内容 ………………………………（26）
    3.3 如何用真实比赛场景设计练习 ……………………（30）
    3.4 根据队员进展水平调整练习 ………………………（34）
    3.5 为下一次训练课设计练习内容 ……………………（44）
    3.6 如何设计一个小场地比赛 …………………………（58）

4 指导细节 加速队员进步 ………………………………（60）
    4.1 概述 …………………………………………………（60）
    4.2 发现原则 ……………………………………………（60）
    4.3 引导和经历原则 ……………………………………（61）
    4.4 互相指导原则 ………………………………………（67）
    4.5 执教要点 成功的良方 ……………………………（69）

## 5 行为转化  比赛场景再现式练习 （75）

- 5.1 概述 （75）
- 5.2 练习 （76）
  - 5.2.1 1对1及2对1的比赛场景 （76）
  - 5.2.2 比赛场景 2对2 中路突破 （103）
  - 5.2.3 比赛场景 3对3 中路突破 （110）
  - 5.2.4 比赛场景 防守区域内的4对2 （123）
  - 5.2.5 比赛场景 中场4对3 （126）

## 6 守门员  胜负的关键 （129）

- 6.1 概述 （129）
- 6.2 基本技术 （133）
- 6.3 特殊技术 （137）
- 6.4 基本战术行为 （146）

## 7 灵敏与关节灵活性  场上表现的基础 （154）

## 8 训练原则  持续提高的保障 （156）

- 8.1 基本训练原则 （156）
- 8.2 训练组织安排 （158）
- 8.3 调整、区分及扩展练习方法 （160）

## 9 训练组织  高效训练的基础 （161）

- 9.1 概述 （161）
- 9.2 基本训练课的结构 （162）
- 9.3 准备一堂基本训练课 （163）
- 9.4 训练课示例 （164）

## 10 附录  依据比赛情况确定执教要点 （170）

## 11 参考文献 （189）

## 比赛是最好的导师

作者：德特勒夫·布吕格曼

**献给魅力的足球**

当有些人看到男孩或是女孩进行小场地比赛（如4对4）时，抱怨"孩子们只是在踢比赛"。"为了在比赛中获得成功，训练就应该进行技术和身体的套路练习。"

"我们为了孩子进行足球训练花了很多钱，因此希望孩子能够得到更有效的训练，而不只是在打比赛。"上述提到的家长总是担心孩子缺少套路练习。有些家长则批评老师和教练员经常安排比赛。"那么，孩子们怎样才能学会踢足球呢？"

你们真的相信像田径或是体操运动员那样，通过套路练习和多次重复高难度的特殊动作练习，就能达到有效地学习足球的目的吗？

前国际足联讲师克莱默先生有着在世界90个不同国家工作的经历，并执教过职业俱乐部和国家队。他曾经说过："只有通过比赛的形式才能学习足球！"

我们在哪里可以找到世界顶级足球运动员的成功之路呢？法国的齐丹、巴西的罗纳尔迪尼奥、科特迪瓦的德罗巴、阿根廷的里克尔梅、英格兰的贝克汉姆和其他的很多球星，他们是如何开始学习足球的呢？

为什么生活在没有先进的足球学校、没有结构完整的训练课，以及没有丰富经验的教练员等条件下的众多足球少年天才，仍然能够成为世界顶级的职业运动员呢？

足球实战训练  比赛是最好的导师

《足球实战训练》系列丛书第一卷——《比赛是最好的导师》为我们揭示了答案。答案是一种新的具有指导意义的训练过程。"比赛是最好的导师"。基于这种足球哲学，本书重点强调足球训练中最基本的要求。这些最基础、最重要的内容就是队员应该练习比赛中需要的内容，以及在比赛中如何运用。

> 场上队员和守门员都应该练习比赛中需要的内容，以及在比赛中如何运用

世界上所有的讲师、教练员和专家，都赞同速度决定队员的质量和比赛的质量。速度在这里不仅仅意味着队员能够跑得多么快。速度包括反应和启动、转向或是急停的爆发力。总体来说，比赛中最快的队员是有能力迅速决定什么时间该如何做的队员。阅读比赛的能力与快速做出决定的能力紧密相关，这包含队员如何跑位，如何传球，向谁传球，尤其是何时接应，何时行动。很多年来，训练中并没有真正注重队员在现代足球比赛中所需要的快速决策能力。然而，比赛中所有技术和战术的应用，都与队员的决策能力联系在一起。

持球队员必须立即做出决定，因为每浪费一秒钟就会给防守队员延缓进攻赢得时间。

持球队员（10号）必须决定：

- 自己运球完成射门。
- 传球到右侧接应队友的跑动路线上。
- 在防守队员上前封堵射门或是抢球之前，立即完成射门。

献给魅力的足球

为什么队员在很多次练习一个动作之后的进步有目共睹，然而在比赛中却运用得不成功？现在，我们可以指出问题的主要原因。与以往的训练模式不同的是，每一个技术动作、战术行动甚至每次身体移动所带来的效果，必须严格地与比赛中的实际情况，以及队员在比赛中为了成功完成某个行动而做出的决策联系在一起。这就意味着足球比赛中需要的各种能力，应该在尽可能接近实际比赛的场景下进行训练。

《足球实战训练》系列丛书第一卷——《比赛是最好的导师》，是第一本基于这种足球哲学基础上教授训练方法的足球专业书籍。这本书展示了全新的训练指导过程，即指导我们如何运用比赛场景，提高队员在比赛中运用技战术的能力。本书解释了如何将比赛场景作为目标来正确安排训练，以及如何指导队员练习复杂的训练内容。本书主要指导少儿和较低水平队员的训练。

> 训练指导应该始终与比赛实际情况相结合

本系列丛书第二卷将会详细地描述如何将这种新的训练指导过程运用到高水平训练中。由于面向指导经验丰富的职业队员，在第二卷书中某些训练主题是建立在第一卷的理论基础之上，例如：小组训练、进攻和防守体系、定位球和体能训练等。

指导足球训练要基于比赛实际情况。教练员不要只是告诉队员你想让他们做什么，需要演示给队员并让他们自己来体验。教练员指导的重点在于符合比赛场景，包括队友和对手行动。

## 前言（一）

在训练和比赛之间"搭起一座桥梁"，这对各个层次的足球教练员来讲都是挑战。我们常常看到队员在训练中运用技能接近完美，但却并不能在比赛中持续地表现。我们经常提出这个基础的问题，然后关注训练环境可以重复比赛环境的程度。很多教练员发现自己工作在这样的训练环境之中：要么进行组织严密的既定套路训练，要么简单地把球一抛让孩子们随便踢。但是，我们知道足球比赛不是上述的内容，而是以队员为中心的运动项目，同时也确实需要外部资源，例如教练员来施加一些影响。

我将上述两种极端训练方式之间的空当称之为"鸿沟"，这种"鸿沟"存在于现实的足球执教过程中。我们应该正确地评估，并将"鸿沟"连接起来，目的是为了有效地使个人和球队能把训练内容运用到比赛中，再从比赛反馈到训练中。

《足球实战训练》是第一部用文字告诉我们比赛是如何驱动训练的丛书。在本书中，国际足联和德国足协教练员讲师德特勒夫·布吕格曼（Detlev Brueggemann）先生，清楚、有效地为我们演示了如何提取比赛中特殊场景来创造以训练目标为主导、合理进展的训练课。作者对比赛和指导过程细节的描述非常值得我们关注。训练首先基于队员的需要（这也是教练员能力的体现），选择能够同时提高队员多种能力的训练，并将攻守转换作为训练的重点之一。讲师布吕格曼先生通过安排与比赛相关环境下的训练示例，为教练员提供了无限的工具，用于指导足球技术和战术练习。

《足球实战训练》丛书也是一部内容非常好的学习资料，它截取了高水平比赛中特殊场景的彩色图片，这些图片会更吸引读者阅读。书中用简单的图形重现了图片中的情景，然后根据比赛场景设计详细的训练内容。然而，本书最主要的是作者推荐了很多训练内容的调整方案和限制条件，以符合队员的实际能力。

足球运动的全球化给教练员提供了很多观看世界足球比赛的机会。德特勒夫·布吕格曼先生是出访各国最多的讲师之一，他几乎在各大洲都培训过队员和教练员，在书中他将自己的丰富经验与我们共同分享。

弗兰克·查奇（Frank Tschan）
教练员培训主任
美国足球教练员协会成员
德国杜塞尔多夫国际学校体育主任

## 前言（二）

在世界上的一些国家，本国的文化引导着队员学习踢足球的方式。足球就是文化。当小队员集中在一起玩街头足球的时候，他们有很多机会去犯错误，去尝试新的假动作，去学习比赛。同样是这些小队员，他们经常会观看职业或半职业的足球比赛或看电视转播。他们很自然地融入到足球当中，并在11岁或12岁的时候加入第一支正规的球队。

一代又一代喜爱这项魅力运动的人们，都是从比赛中学习比赛。在进入有教练员指导的球队之前，无数的队员对足球都充满激情，这种激情根植于他们儿时踢街头足球的经历。虽然踢街头足球的方式仍然存在，然而，越来越多小队员的足球经历集中于进行正规的足球训练，而不是踢街头足球了。

在美国，足球文化的存在只有很短的时间，而且只存在于一部分特定的群体。对于大多数美国的队员来说，从一开始，对足球的体验就是进行正规的训练。在这种足球背景下，队员训练的重点都集中在一次又一次重复无对抗的练习中，并且是以教练为中心的。恰恰相反，比赛才应该是队员训练中的核心部分。事实上，美国青少年足球协会和美国足球协会在训练活动中推行模仿比赛的训练方法已经有三十多年的时间。

在《比赛是最好的导师》这部书中，资深教练员德特勒夫·布吕格曼先生将这种发展过程形成了一种规律，你可以将此规律运用到每一次训练课当中。在这本书中你将体会到，正常的球员成长过程基于教练员制定适合队员的年度发展计划和每周的比赛观察。

他关注比赛本身，截选出经常出现的场景，然后把这些场景用在训练过程中，使各年龄段的孩子都能理解和享受足球训练。甚至在正规的训练课中，教练员也可以运用比赛形式指导队员。教练员可以很容易地主导一堂有创造性的训练课。

在布吕格曼先生的指引下，你会对足球有更深入的理解，而且知道如何传授给你的队员。享受足球的乐趣吧！

萨姆·斯诺（Sam Snow）
美国青少年足球协会
教练员培训主任

## 1 足球执教新理念

训练被界定是为比赛做准备的。这就意味着我们在训练中做什么以及如何做，应该模仿比赛中同样的行动。通常，队员会练习有球或无球的特定行动。这是为了提高特定的技术能力或是战术行为能力，目的是为了在比赛中获得更多的成功。但是，有三方面的原因阻碍队员在训练中的内容不能在比赛中应用：

**A.** 在训练中，队员通常在没有对手、时间的压力或是没有输掉比赛的心理压力的环境下进行训练。

**B.** 为了提高某个特定行动，短时间内多次重复进行套路练习是需要的。但是，许多练习的基础结构并没有在比赛中体现过。这些练习可能组织得很好，但是它们不是比赛场景的体现。结果，我们虽然看到队员在训练中做得非常好，但是在比赛中做同样行动时却失败了。这是因为队员只练习了技术或是战术，而没有练习让队员决定何时和如何运用比赛行为的能力。

**C.** 训练内容通常只注重一个场景的训练，这个场景可提高队员某个技术或者战术行为的能力。这些练习的缺点是并没有提供在实际比赛中发生的与所需内容相连接的后续训练内容。队员虽然事先知道这些练习的要求，但是真正成功地运用，需要在真实场景中做出高质量、及时和快速的正确决定。在比赛中，这种反应能力紧密地与队员的行动联系在一起，而且影响着队员的行动。提前预知特殊的场景如何和何时发生，可以节省时间，并且能够帮助自己做出相应的回应。换句话说，以下两种情况所带来的结果有很大区别：一种是，一个队员只是事先知道同伴会将球传中给他射门（通过套路练习）；另一种是，这个队员已经意识到处理这个传中球的多个要素，包括如何踢，什么时间踢，将这个传中球踢到哪里。

1 足球执教新理念

与实战相结合的训练：

- 一名防守队员延缓进攻，如同真实比赛一样。
- 两名队友接应，为持球队员提供不同选择进行下一个行动。
- 接近比赛场景，有后续连接的行动。
- 场景相似，易于分析。
- 两个小组同时练习。

以前的研究指出了相同的方向。从动作练习转化到在比赛中成功运用，这一过程的转化速度和有效性受到队员比赛经验的显著影响。这个结论得到了执教不同年龄段教练员的认可。实验组的孩子们有很多的比赛经验，这些比赛经验是孩子们通过自己组织踢小场地比赛而获得的；对照组的孩子们没有太多的比赛经历。为这两组孩子选择同样的练习内容，目的是研究练习内容在比赛中的成功运用。事实快速、清晰地表明，有丰富比赛经验的孩子转化得快得多，并且更有成效。这个论点充分说明：体育运动，例如足球的基础学习阶段就是打比赛，无论队员的技术、战术能力多么欠缺，以及球员由于技战术能力的欠缺而引起的多次失误。这就是通过尝试和错误进行学习，通过观察同伴的成功行动进行学习。

另一点需要特别提出，这个过程需要充足的时间。让我们想象拼图游戏。你觉得谁会第一个完成拼图？是在事前很充分完整地看过整幅图画的人？还是事前没看过的人？答案将会把我们带入足球训练的关键点。

对某一个技术动作运用的认知和经验将引导训练内容成功地向比赛实战转化。因此，技术和战术应该结合比赛实际发生的环境和场景进行训练。

考虑到现在的孩子在学校或是在俱乐部踢足球的时间少得可怜（因为还有很多其他的责任和活动），训练内容的类型和组织结构就凸显重要。因此，就需要安排同时可以练习多个动作的训练内容。

> **技术和战术的运用能力应该在真实的比赛场景中练习**

这样的训练理念一开始就蕴含在本书所倡导的全新的足球指导哲学中。练习内容应该模仿典型的比赛场景，即使针对不同知识和能力水平的队员进行了变化，练习形式中仍然要体现这一思路。队员通过提高执行某个特殊行动的能力，可以成功地解决一个特殊场景出现的问题，但是，他还需要学会分析运用特殊行动的比赛场景，他要懂得个人行动给周围环境（其他人行动）带来的战术影响。这就意味着，技术和战术的训练不应该仅仅局限于队员重复完成简单的行动，而应该是从比赛实际场景中选择训练内容。

综上所述，对任何年龄段的青少年队员都适用的有效训练的三个要点是：

**A.** 最好的训练应该考虑最适合队员学习能力的内容，而不是最适合教练员执教能力的训练内容。

**B.** 能使队员进步的最好的训练内容，是要求队员立刻表现出几种比赛能力的练习。即使在练习中教练员指导细节会更有难度。

**C.** 攻守转换能力应被看作是队员在比赛中成功表现的一种重要能力。这需要设计既要有进攻，又要有防守的练习内容。小场地比赛就是很好的形式。

## 2 发展基础技能 通向高水平的必由之路

**队员应该练习他们在比赛中需要和如何运用的训练内容。**

### 2.1 发展阶段

孩子的年龄决定练习的形式、内容和方法。这基于孩子们生理和心理发育情况。

儿童的第一感受应该是好玩和学习如何用脚踢球。

对学龄前、一年级和二年级儿童进行练习，最重要的不同就是让他们按照自己的方式去踢比赛，然后观察他们通过比赛自己学到了什么（自己所想、所感受的）。

一旦孩子们有比赛经验，就可以在孩子们已获初次经历的基础上进行技术和战术动作的系统训练。系统训练就是，在主题明确的练习和小场地比赛中进行讲解、示范和个别纠错。系统训练的特征是注重细节分析、纠错和运用，目的是提高队员动作的精确性，尤其是在技术练习中。

## 足球运动员的发展阶段

**初始体验（5~8岁）**
**通过玩耍熟悉足球**
- 获得身体活动和足球比赛的基本体验（灵敏性，使用足球）
- 感知实际场景（空间、速度）
- 了解并熟悉社会交往的态度（例如：帮助、融合、鼓励、领导、创意、自我行动）
- 提高决定能力

**基础训练**
**（8~12岁）**
**注重细节的系统性训练**
- 通过适合的学习机会和协助，巩固和进一步发展各项能力以及基础的身体活动体验
- 提高技术的精确性和应变运用技术的能力

**中级训练（1级和2级）**
**（12~16岁）**
**在压力下发展和完善队员的各种能力**
- 在压力下（速度更快、空间更小、有一名或多名对手），完善队员的协调能力（灵敏性），以及根据实际场景运用技能和战术的能力
- 发展和提高队员在比赛中能够更多运用繁复行动的能力（这意味着需要更多的队员参与训练，从5对5到11对11）。因此，队员需要决策能力，因为许多繁复的局面需要队员自己做决定
- 通过大场地比赛来提高战术能力

**高级训练**
**（16岁和16岁以上）**
提高和巩固，尤其是在体能方面
- 在逐步疲劳的情况下，巩固并完善个人、小组和球队战术能力
- 提高并巩固球队的进攻和防守战术
- 提高一般体能

只有队员在比赛中学会自己如何控制踢球的时候（队员应该在青春期早期就达到这个层次），练习内容才可以扩展到人数较多的小组练习，以及改变压力条件的练习。这里，压力指更多的对手和更小的空间，也就是说，个人要用更少的时间来成功地运用技术和战术。

第14页的表格介绍了儿童生理发育的顺序，同时重点集中在青少年运动员如何提高踢球的技术、态度和能力。

表格中还有一些重要的方面来提高足球训练。每个级别的划分基于某些关键的训练目标。虽然没有在表格中特别提及，但是这些目标需要在下一级训练中加以巩固和提高。队员能否进入更高级别的训练，取决于他们在本级别训练中得到提高的能力。这就是说，如果一名队员的实际年龄达到了进入下一级别的要求，但是却不能在有压力的情况下控制自己的踢球技术，那么他仍然要留在该级别组训练。因此，是否能够参加下一级别高水平的训练取决于队员的发展水平，而不是年龄。

高级训练，就是通过特殊的训练内容重点发展体能。但是，这并不是说在低级别的训练中根本不包括身体训练。身体能力可以在每一个练习和小场地比赛中同时得到提高，尤其是在那些长时间适应比赛需要的练习中。

## 2.2 训练不能违背生长发育规律

4岁到7、8岁的儿童，通常喜欢去探索属于他们自己的环境。在这个成长阶段，儿童创造属于他们自己的比赛、场区和规则。伴随着自己的感受和孩子气的行为，他们不断重复进行比赛。

因此，儿童世界的特殊感受应当作为其成长过程中的自然进程而被每个人尊重。根据成年人的需求进行套路练习，换句话说，在队员生理发展过程中过早地进行系统训练，就是如前文所述违背了儿童生长规律。这将会导致队员在社会环

5~7岁的儿童通常会做家长期望他们做的事情，在足球训练中也是一样。这是因为他们崇拜自己的父亲、老师或是教练员，将其当作自己的偶像，从而取悦他们，并希望得到他们的赞扬。所以他们就按照教练员的要求做练习。但是，儿童的天性是想踢比赛。儿童需要比赛，通过比赛可以让他们自己领悟在比赛中发现和经历的内容。

境中自我认同感的缺失，而这种感受在其发展过程中极为重要。这样的矛盾会导致一个人的责任心，尤其是在成长过程中对待社会的态度上会出现问题。

关于儿童早期训练内容，大家都认为儿童会很开心地参与到成年人为其安排的练习中。这通常误导人们，觉得儿童实际很希望做这样的练习。但是，孩子们做这些练习只是为了取悦大人。这种内心的欲望掩盖了他们本身的意愿和喜好。有这样一种假设：对学龄前和一年级的儿童进行系统训练可以积极地影响运动成绩。如果这种假设成立，那么说明所谓有效、成功的训练，一定违背了儿童的生长发育规律。

> **过早地对孩子进行系统性训练会阻碍本身个性的发展**

儿童渐渐熟悉自己的身体、意识和心理活动，以及熟悉足球比赛和球感。这个年龄段（8~12岁）必须与人类身体最佳发育年龄段区分开。由于身体和肌肉在荷尔蒙的作用下进行发育，以及求知欲的增长（伴随着鼓励、没有批评的环境），8~12岁通常被认为是"学习的黄金年龄"。在这个时间段内，孩子的生理发育为他们进行系统性训练、甚至困难的协调性训练提供了合适的条件。

2 发展基础技能 通向高水平的必由之路

在生理发育期到来之前，应该鼓励孩子们继续踢球，等待黄金发育期的到来。给他们一个球，让他们自己去踢。从孩子们的行为中学会观察。没有要求、期望、纠错和任何干预。依旧是孩子们的世界。让孩子们自己探索。让队员的自我激励成为足球比赛的关键。给孩子机会，让他们用自己的方式参与到足球运动中。

## 2.3 低弹性球可提升自信和灵活性

足球领域的许多科学家和专家都表示，孩子们可以，也应该在学龄前用他们自己独特的方式踢球。

这些方式就是小场地比赛，规则由队员根据人数和实际环境自己确定。初学者从模仿、尝试和失误中学习。这种介入足球世界的方式为孩子们提供了关于技术、战术、心理，还有社会成分等方面（见第14页）最初始的体验。从更高层次来说，这些初始体验决定了队员在此成长发育期内能够发展比赛所需能力的进步程度。简单地说，就是一个成年人的效率和场上表现，取决于他在进行系统训练之前的初始体验的质量。

8~12岁孩子的身体、意识和心理发育状况会引导他们像成年人一样去探索足球比赛的奥妙。他们扮演自己偶像的角色，无所畏惧地模仿其看到的动作，即使是困难的动作。

但是，有些专家说，只有掌握了有球技术之后才能踢比赛。他们更热衷于技术的难度，并指出孩子们踢球的方式没有组织。的确，孩子们的足球比赛看上去就像一群"蜜蜂"在追着球踢啊、跑啊。这主要是由于基本的控制球能力不足，特别是踢弹性大的足球。地上看不见的一个小石头就可能使球弹向空中，或使球弹向其他方向。踢得太重，足球就会偏离目标；踢得太轻，足球又到不了目标。

对初学者来说，训练用球引起的最经常发生的问题，就是球被踢到空中然后一直在地面上跳。当队员想控制球的时候，球又弹起来，这样对队员来说，脚要抬得非常高才能触到球，而且无法将球踢到自己想要的方向。没有经验的队员肯定会等球下落，然后再控制住球。但这就给了对手时间来抢球，至少会影响进攻队员控制球。然而，即使没有防守队员的压迫，留给队员控制好下落球的时间也非常短，所以即使是技术非常娴熟的队员，也必须根据球的速度来协调自己脚的速度和力度，以便控制好足球。

> 足球就是空间和时间
> （约翰·克鲁伊夫）
> 对手所施加的压力决定
> 练习所能达到的层次

初学者需要更多的时间来做相同的动作，因为不知道如何掌握脚和球同步的时间。孩子们也要做这个动作来提高协调性。其中一个技能就是预估他们自己脚的速度与球的运动，以及球下落和弹起速度之间的关系。有研究表明，在预判能力上，学龄前儿童比成年人有最多30%的差距。我们经常看到，当球在街道上滚动时，孩子们即使看到行驶过来的汽车，仍然追着球跑。错误地预估汽车的速度和自己的速度往往会导致事故。就现在而言，提高技能和协调性是进行足球比赛的先决条件。

这种观点与队员日益提升的能力有关。但是每个人都可以踢足球。规则非常简单，就是一个人用脚或头将球打进对方的球门。进球的方法和方式取决于队员

## 2 发展基础技能 通向高水平的必由之路

的技术、战术能力和比赛经验。基于这一点，初学者"追球踢"的方式也是足球的一部分，是典型的儿童足球。这个观点非常重要，因为初学者可以从不断被踢来踢去的足球游戏中获得有用的经验，知道如何运用自身所具有的能力来满足足球比赛的需要（如上所述）。因此，初学者的主要问题，仍然是对所使用的足球的特征的认知。

不过，我们有机会将存在的问题减少到最小程度。使用另外一种球，可以比较容易使孩子们在踢球的过程中增加对球的控制和锻炼自己踢球的风格。这基于早期的一种认识，即对在小场地比赛中的孩子们来说，足球就是一种游戏，而每

> 低弹性足球，可以让初学者很容易地按照自己的预想方式控制球

名队员在有球时的想法和创造性行动影响着足球比赛的质量。为了解决球的弹跳和队员控球技术能力的欠缺，我们可以使用低弹性足球。这种球比一般足球小，而且不容易反弹。对于初学者来说，更容易控制。队员更容易控制足球，就会鼓励队员有目的地踢比赛，而不是简简单单地在比赛中踢一脚球。

让我们想一想，小孩子把足球当作自己的玩具是什么感觉。当孩子很容易就能控制球的时候，他就会用球尝试做很多之前他看到的或是自己创造出来的动作，或者突破对手或者用自己的方式将球传给队友。在很多地方，我们可以看到孩子们会踢他们能看到的东西（比如小的苏打水罐，或是绑在一起的衣服），就像踢真的足球一样。简言之，低弹性足球的特征可以使队员能够更多地用自己决定的方式来踢球。这样也可以鼓励队员自己在家练习或是在允许的空间进行练习。这是队员自己控制身体灵活性的开始，也是创造性地结合球做动作的开始。而且低弹性足球，还可以从一名队员足球生涯开始阶段给予其在冒险精神和发展自信方面提供帮助。

低弹性足球虽然不会提高足球比赛技术水平，但是它可以提高队员结合球的创造性，这样就能鼓励个人更多地接触球。

有些人认为，低弹性足球的技术会导致队员对球的不同感觉，因此可能会阻碍以后学习真正的足球技术。但这只是假设。这些人忘记了很多不同国家的孩子买不起真正的足球，就是踢一些圆的东西，如捆在一起的衣服、塑料瓶，甚至是网球或是旧的、变形的、没弹性的球。当这些队员在踢真正足球提高技术能力的时候，原来的经历并没有对其造成任何影响。相反，他们获得了很多比赛经验和创造性，这些都是为了改变当时的比赛情况，队员自信而有意识地做出各种动作而形成的。同时，这些队员在提高身体协调性方面也取得了非常显著的进步。

以上这些观点表明，低弹性足球不仅可以用于竞赛，还适用于帮助初学者训练。

## 2.4 儿童初始体验的足球训练示例

以下是为5~7岁的孩子准备的足球游戏。在教孩子们基础足球技术的过程中，我们应该清楚每个练习关键的不同点。

"捉人"
- 10m×10m的场地。
- 6名队员。
- 1名队员捉人，必须触到另一名队员才算捉到。
- 如果2名队员站在一起，就不能捉他们。
- 只能捉单个的队员。
- 两名队员站在一起的时间，不能超过5秒钟。
- 被捉到的队员变成捉人的队员。
- 如果捉人的队员将其他队员逼出场地，也等同于捉到人。

2 发展基础技能 通向高水平的必由之路

"运球捉人"

- 10m×10m的场地。
- 队员6~8人，每人1个球。
- 所有队员在场地内运球。
- 1名队员用手运球，然后去捉其他队员。
- 捉到后互换角色。

运球过门

- 在场地内随意摆放一些小球门，每个球门2米宽。
- 运球过球门，越多越好。
- 不要运球过同一个门2次。
- 如果队员或是他们的球碰在一起，相撞的队员必须把球抛过头顶，等球接触地面后重新开始。

运球—停球

- 10m×10m的场地。
- 6~8名队员，每人1个球。
- 一名队员作为"队长"。
- 队员在场地内运球。
- 队长可以用手、脚等部位创造性地停球。
- 然后其他队员用同样的动作停球。
- 队长决定谁是最后完成正确动作的队员。
- 最后完成的队员接受事先约定的惩罚动作，然后与队长互换角色。
- 如果队长没有看到谁最后完成，那么队长要接受事先约定的惩罚动作，然后指定另一名队员作为队长。

**简单的小场地比赛**
**4对4,2个球门**

组织
- 2个球门,每个球门5m宽,2m高;2个球门相距20m。
- 不用画场地线。
- 每队4名队员,每个球门1名守门员。

目标
- 4对4比赛,攻2个球门。
- 练习时间:8~10分钟。

无内容变化
无人员变化。
利用锦标赛制组织相互的比赛,训练队员的协调性和灵活性。

# 3 适合的练习 点燃训练热情

## 3.1 概述

一般来说，所有练习分为以下三类，而且都会在训练中体现。但是，每种类型的练习都有不同目的。
- 小场地比赛法。
- 繁复练习法。
- 简单练习法。

每种类型的练习都会根据各自的特征为队员提供各种各样的学习机会。为了决定哪种类型的练习最适合特定的训练目的，我们首先分析各种不同类型练习的主要区别。

**小场地比赛法**
- 两个事先分好而且能区分开的队伍（比如，2对2进攻2个球门）。
- 进球计分和比赛间休后重新开赛的特定规则。
- 事先定好的比赛持续时间。

**繁复练习法**
- 每个活动至少有2名队员参与。
- 安排较长的活动时间。
- 与比赛中一样，与后续行动紧密连接。
- 提高队员做决定的能力（让队员识别不同的变化）。
- 考虑比赛中需要的行动。
- 激励队员。
- 事先确定如何开始和结束。

足球实战训练　比赛是最好的导师

**简单练习法**

• 短时间的行动。

• 事先规定的行动。

• 事先规定每次练习如何开始和结束。

• 人为选择技术、战术或体能等训练要素。

• 个人或与同伴一起完成任务。

应选择最适合的练习方法来训练队员。但是，在决定训练中使用哪种训练方法的时候，有两个非常重要的方面需要考虑：

（1）队员能够不间断进行练习的持续时间；（2）在完成特定训练目标的同时，还能提高队员技能的数量。

例如，如果2名队员在某段时间内在2个球门之间进行1对1练习，目的是学会如何运用假动作过人，那么，这2名队员都可以利用这个练习环境来提高运用假动作的能力。但是，除此之外，2名队员还练习了射门、运球、识别防守队员的意图、掌握过人时机和方向，以及攻守转换的能力。虽然这名队员也可以通过以下的练习来提高做假动作的能力：简单地朝着一个标志桶运球，做假动作越过标志筒，然后射门或传球得分。然而，这个"越过"标志桶的简单练习，并不能像之前练习那样同时提高队员的战术和身体能力。

3　适合的练习　点燃训练热情

这就是队员在每个练习中的学习过程，也是教练员在准备一堂训练课的时候要仔细考虑的内容。教练员可以通过对比队员在练习中的表现和在比赛中需要的实际能力来准备训练课。

> 队员整体能力的提高，取决于在练习中能够同时训练到的多种能力

以下表格列出了成功队员所需的能力。每种能力提高的程度决定个人能力提高的效率。

成功队员所需的能力

|  |  |
|---|---|
| 技术能力 | （有球的技能） |
| 战术知识 | （经验） |
| 战术能力 | （阅读比赛、做决定的能力） |
| 身体能力 | （耐力、速度、力量、灵活性） |
| 心理能力 | （敢于冒险、自信） |
| 意志力 | （意志品质、预感） |
| 社交能力 | （团队协作、责任感、乐于助人） |

以比赛和攻守转换为特征的足球训练，不仅仅要提高技术、战术或身体能力；对青少年足球训练来说，尤其还要同时考虑队员特殊的意志力和心理能力。

不同科学领域对人类发展的著名研究证明，体育运动对个人特征、社会态度和健康有着显著的影响。成功的足球运动员所需要的身体能力、意志力和心理能力，不仅与高强度的足球训练所需要的技术、战术和身体能力息息相关；而且我们也要认识到，比赛本身与队员个性和社交行为的培养过程，比如自信、个人和社会责任感、遵守规则、乐于助人和团队协作等，也是互相依存的。

另外，控球、踢球和有球移动所需要的技术能力，为我们提供了非常好的机会来提高基本的身体协调能力。这些能力，尤其是灵活性、柔韧性、平衡能力和在无组织状况下的适应能力，在其他运动和日常生活中也同样需要。

在狭小空间内进行分队比赛，为同时提高队员所需的比赛能力提供了机会。

在足球或是其他运动中，这些能力之间互相依存。这就是说，它们既能限制，又能提高比赛的表现。换句话说，这些能力不能先提高一个，再去提高另一个，然后像单个数字一样相加在一起。相反，同时提高这些能力非常关键，因为在现实比赛中，这些能力共同发挥作用。正因为有了这样的认识，才有了全世界都认同的一句话："比赛是学习足球最好的方式！"

## 3.2 建立适合的训练内容

训练的含义可以概括为，"球员通过重复练习特定内容，不断学习和提高技能及比赛行为能力，以使自己在比赛中成功地运用"。

然而，能够完成技能和比赛行为并不意味着在比赛中能够自然而然地成功运用。完成比赛行为还要同时提高其他重要的能力。队员在特定的情景下，必须决定什么时候该如何运用技术或战术行动。他必须分析比赛中接下来要发生的情况，找出参与其中最成功的办法。这就需要队员在训练中学到相关的知识和经历。

从这点来说，简单练习法只能单独地提高和巩固某一个行动，但是却无法使队员在比赛中成功运用。

**示例：传球技能**
练习内容：2名队员相距10码，面对面站立，相互不断地传球。

这样的练习内容很容易观察，看上去组织得很好。由于不断重复传球动作，队员明显可以提高传球能力。但是，比赛场景可以更好地发展队员的传球技能，因为比赛场景使队员必须决定是传球还是运球，以及该在什么时机去做。队员即使在这个简单练习中频繁地练习传球动作，但在比赛中仍然会失败。因此，应当设计更多的繁复练习，用来提高队员的比赛能力。

**示例：传球**
练习内容：在10m×15m的范围内，4对2保持控球权

现在一些有关的足球书籍很容易提供针对每个足球技术和战术行动的一系列的练习方法，而且可以按照队员的能力和热情而选择相应的练习内容。

很多这样的练习是为了给队员提供多次重复某个比赛行为的机会。队员根据练习内容设定的特殊情景练习特定的比赛行为，以及决定什么时候如何运用。但是我们看到，这些在训练中似乎有能力完成的队员，在比赛中还是经常失败。其原因在于：虽然在与比赛情景相似的训练中，防守队员也会带来压力，但在比赛中，防守队员所带来的心理压力更大。训练中和在比赛中的成功行动存在明显差距的重要原因是缺少对关键场景的预判。队员直到他必须做出正确行动选择的那一刻出现时，还没有能力预见形势将如何发展。

射门能够显示高水平的冒险精神、意志力和决策能力。这些能力促使队员利用一切可能的机会去得分，尽管会有困难和较低的成功率。

换句话说，就是队员被吓到了。也就是说，他需要更多的时间来分析和决定该做什么和如何做。队员来不及在这么短的时间内做出正确的决定。

适合的练习应该包含：
- 与比赛相关的行动
- 提供队员做决定所需的且与比赛相似的选择情景
- 适合队员实际水平且与比赛相似的训练情景

让我们来分析普通的射门训练。很多练习仅仅从左脚、右脚以及不同的距离和角度等因素来安排训练。然而，在比赛中队员很难提前知道在什么位置（在罚球区内或外）可以射门。这取决于队友和对手的行动，而且这种行动在比赛中会有很多变化。另外，我们必须考虑到，队员只有几秒钟的时间对这些变化做出预判和应对。因此，能够进球的是那些持续不断地在比赛情景下练习射门的队员。

总之，足球训练包括三个方面的内容：

（1）需要更多繁复练习来提高队员在比赛情景下运用特殊行为的能力。考虑到队员有限的训练时间，为了使队员成功地将训练行为转化为比赛行为，教练员需要做大量工作，包括根据队员个人能力的提升而提高每个练习的要求，以及设计各种练习内容。

（2）训练中运用不同的繁复练习不能保证队员有更大的进步，以及具备更成功运用比赛行为的能力。

3　适合的练习　点燃训练热情

（3）有效的训练应该包括安排与比赛行为相关的后续练习内容，并为队员提供选择，以使其能够自己决定如何、何时、同谁做出反应。

考虑到以上因素，结论是：根据真实比赛场景设计出来的训练，能够适合队员技术和战术能力的提高。另外，为了提高某一能力而选择多种不同训练内容的教学方式，应该改变为：长时间持续地进行同一练习，并根据队员进步的情况来扩展练习内容。

在接下来的章节中，将会阐述教学大纲和路径：

● 教练员如何从比赛中截取预想的行动及随后可能的选择，为不同层次的队员设计适合的、有效率的训练内容。
● 如何根据队员的实际能力对场景进行变化。
● 如何根据不同的比赛场景设计练习。

## 3.3 如何用真实比赛场景设计练习

**主题：提高运球能力**

- 先选择一个场景：持球队员正在运球进入罚球区前的危险区域。
- 冻结这个场景：在罚球区前，持球队员必须根据接应队员和防守队员的行动决定该如何继续。

在反击中面对一个尚未形成良好组织的前卫：

一名进攻前卫进入射门区域，同时有2名本队前锋队员面对4名平行站位后卫的防守。

为了在这种进攻方式中分别提高进攻队员和防守队员的成功行动能力，可以把这个场景冻结，然后基于这个比赛场景将其内容移植到训练中。

**组织**

- 2名前锋和4名前卫对4名后卫和4名前卫防守一个球门。
- 进攻队员防守2个小球门，每个球门3m宽。
- 1名"守门员"防守2个小球门。

**目标**

- 进球后，下一次进攻必须从进攻一方的守门员开始，由守门员传给其中的一名进攻队员。这名进攻队员接球后，必须先运球。

为了确保练习符合队员的实际水平，可以将比赛情景简化。这种简化甚至包括设计最容易的练习来提高运球技能（6~10岁的层次）。在这个案例中，这种简化要考虑到持球队员以及在持球队员周围的队员人数。也就是说，首先要回答一个简单的问题。

3 适合的练习 点燃训练热情

- 为了提高持球队员的运球技能，是否需要这些在真实比赛场景中，盯防持球队员的防守队员？

为了练习运球技术，可以先把持球队员周围的防守队员排除。但是，随着练习水平的不断提高，防守队员可以逐步增加。

在设计接近比赛场景的练习中，不需要这4名回防的前卫队员。排除他们不会改变实际比赛场景的基本结构。

- 那么这3名接应队员呢？

为了提高持球队员的运球技能，3名接应队员在这个练习中也不是必需的。但是，随着练习水平的不断提高，接应队员可以逐步增加。

- 现在，在球前的前锋队员呢？

为了提高持球队员运球技术，即使在离球前最近的前锋也不需要。但是，随着持球队员运球能力的提高，根据这个特殊比赛场景设计的繁复练习中，前锋队员可以增加。

31

- 在右边的前锋和盯防他的防守队员呢？

在持球队员学习运球技术的过程中，这2名队员不是绝对需要的。但是，随着练习逐步接近真实的比赛场景，这一对队员可以增加到训练安排中。

- 那么4名后卫中的右边后卫和左中后卫呢？

这2名后卫队员在持球队员学习运球的过程中，并非绝对需要。但是，随着队员能力的提高，他们可以逐步增加到训练安排中。

- 最后，为了设计最容易的练习，是否需要这名防守队员？

为了学习某个特定技术而设计的最容易的练习（此场景下是带球跑），在执行过程中不需要任何压力。一名防守队员就相当于压力，而压力则会增加额外的行动。然而，如果主题是1对1射门，那么防守队员必然需要。这时，1对1就是最容易且与比赛相关的练习。

3　适合的练习　点燃训练热情

接下来的每个练习都可以单独运用。每个练习都需要队员有不同层次的经历，而且，能够提供给队员一些选择，以帮助队员在相关技术主题的练习中获得成功。

为了探寻队员在技术或战术上的决策能力，有关队员经历、技术及战术能力的问题需要给予回答。这个答案将会对设计练习环境起导向作用，目的是为了提升队员的学习进程。练习环境由所涉及到的队员组成。练习所能达到的水平取决于这些队员的行动和特殊职责。

在学习运球的案例中，孩子们必须首先要熟悉用不同的速度运球、绕过障碍物，同时又要改变方向，等等。因此，最容易提高运球能力的练习，应该是没有对手状态下的带球跑。无对手的练习使孩子们的注意力集中在跑动和推动球上面。但是加上连接的下一个任务，比如射门，就需要孩子们去感知周围环境。这就意味着，学习运球需要像比赛中一样，不能总是用眼睛盯着球。

对于初学者来说，运球射门远比运球绕标志桶更有激励性。

如何才能安排一个训练，使一组队员能够练习运球射门而没有长时间的间歇？

队员分为2组，每组3名，队员分别站在罚球区前的两侧。小组的每名队员都依次轮换。守门员手抛球给1名队员，这名队员控球，然后运球射门。

## 3.4 根据队员进展水平调整练习

当队员有效地提高了在变速和变向情况下带球跑的能力时，练习就可以根据需要为队员增加一些选择，进而增加练习的繁复程度。

其中的一个选择是增加练习队员的压力。场景是1名防守队员试图在罚球区前抢下球。

持球队员1对1面对防守队员，运球过人，完成射门。

1对1射门

当守门员手抛球给等待进攻的队员后，防守队员立刻上去逼抢。这时，运球队员有三种选择：（1）利用假动作过掉防守队员；（2）在防守队员尚未逼抢上来时，起脚射门；（3）利用速度运球蹚过防守队员。运球队员的决策取决于防守队员的行动。另一名防守队员防守另一侧的进攻队员。

"如果防守队员抢到球怎么办？"

**防守队员获得球权后，可以通过传地面球穿越作为反击用的小球门而得分。**

一旦防守队员获得球权或者把球回传给守门员，防守队员就可以和守门员一起进攻专门设置的球门。

这时，防守队员的角色就变成进攻队员。这就可以激励防守队员在更接近比赛行为的环境中进行练习。

1对1结合反击条件

为了避免1对1的局面，持球队员可以得到队友的接应，就像在比赛中发生的情景一样。当队员已经提高运球技能并且能够运用假动作去冒险赢得1对1的时候，这种练习的变化才可以介入。队员能够赢得1对1的能力最重要，这种能力，是两个或者多个队员学习和提高各种配合能力的基础。

当有队友接应的时候，一名1对1技能明显欠缺的队员将不会选择运球突破。这样的队员只会寻找机会传球给队友，而不顾队友的实际情况。因此，这样的队员会更容易防守。

在这个2对1完成射门的练习中，持球队员将有两个选择：（1）1对1过掉防守队员；（2）或者传球给接应的队友。

2对1练习，结合反击条件

这个练习可以将2个小组都结合起来。1名队员控制好守门员发球之后，另一组的1名队员可以接应持球队员，形成2对1的场景。下一次进攻从另一组开始，防守队员轮换。

当队员在人数占优的情景下（这个案例是2对1）学会并提高了运用基本配合（墙式、后插上、交接、交叉掩护）的能力后，可以增加第二名防守队员给进攻队员带来更大的压力。对于接应队员来讲，必须要快速地做出何时及如何接应的决定。也就是说，接应队员的跑动和持球队员的选择应该练习得非常熟练。

中路2对2，完成射门：持球队员所面临的选择和之前2对1练习中一样，但是，由于第二个防守队员的出现，持球队员所面对的压力更大。

2对2进攻1个球门

现在是2对2，持球队员和接应队友都必须分析防守队员的行动，以便选择最成功的方法完成射门。这意味着，2名进攻队员必须非常熟悉在时间短、压力大的情形下进行不同配合的方式。

3 适合的练习 点燃训练热情

一般来说，人数占优的进攻练习相比同等人数的练习，通常被看作是较为容易的练习内容。

但是，由于更为繁复的情景和越位规则（在此情景下另一种增加压力的办法），即便是人数占优的3对2射门练习，也是更高水平的练习内容。

1名前锋在罚球区前被1名后卫盯防。持球队员向第一名防守队员运球，另一名进攻队员从中场跑出来接应。

3对2进攻1个球门

突前前锋可以这样接应持球队员：前插寻求渗透性传球，或者传脚下球与另一名向前接应的前卫队员做墙式配合。后一种情况是为了改变进攻方向，向另一侧进攻。持球队员则必须决定是面对防守队员进行1对1突破，还是选择另一种不同的接应打法。

1名前锋在罚球区前被1名后卫盯防。1名持球队员向罚球区运球，面对第一名和第二名防守队员。第三名进攻前卫队员后插上接应持球队员，同时提供改变进攻方向的选择。

3对3进攻1个球门

37

第二名防守队员可以保护向球压迫的队友，并且封锁持球队员向前锋传球的空间。

因此，持球队员就有压力。为了成功地完成进攻，他的选择取决于队友接应的行动。

第四名前卫向前跑动支援进攻，负责保护的那名后卫队员就会注意并可能盯防他。因此，持球队员进行1对1的成功率就会增加。但是，进攻的前卫队员应该在两侧而不仅仅在一侧接应，这样，持球队员就可以选择进攻任何一个方向。

4对3进攻1个球门

在与前锋进行配合的选择中，第三名前卫可以在边路接应持球队员，以便形成2对1的人数优势，从而避免持球队员1对1的局面。如果2名防守队员保护边路空间，那么将球横传到另一侧，就会在另一侧形成人数优势。

如上文所述，现实场景所带来的压力——即心理的压力——取决于空间和时间。防守队员多，意味着空间减少；空间减少，意味着队员分析并决定做什么和进行可控反应的时间将会更少。

这样来说，攻守队员人数相等，就意味着进攻队员用来突破防守并完成射门的空间将会更少。下一个练习是4名进攻队员对4名防守队员，与上一个4对3练习一样，练习提供给队员的选择是相同的。但是，想要成功完成练习内容的空间却减少了，这是因为第四名防守队员的介入。为了提高队员技战术能力，在练习中可以通过压缩宽度来达到相同的效果。

然而，场景变化所带来的心理压力根据实际比赛的动态变化不断地改变。在球与本方球门之间，将会有更多的防守队员参与防守来延缓和阻止对方的进攻。这些防守队员已经被进攻队员超越，但是他们立即回追。进攻队员进入射门位置和射门所需的时间决定多少名防守队员能够一起防守来阻止进攻。

在根据所选择的场景安排提高运球能力的练习基础上，接下来的两个训练内容的变化，即对进攻队员施加更大压力，将说明练习是如何调整到与比赛更加相近的层次。

持球队员和2名突前前锋以及1名参与接应的前卫对抗4名平行站位的后卫。持球队员继续进攻的选择取决于这2名前锋的行动。拖后的前卫为了确保进攻成功，在后面接应。

4对4进攻1个球门

第二名前锋和第四名后卫加入练习后，练习内容可以使训练达到更高水平，比如训练2名前锋如何应对4名后卫的行动，或者整体上如何应对平行站位的4名后卫。即使这个练习从守门员长传至对面的其中1个前卫开始，运球仍然是第一行动选择。

比赛的重要特征之一是运用时间因素来增加压力，我们可将此方法移植到训练当中。增加1名回追的防守队员，可以促使进攻队员更快地完成进攻。在此练习中，当进攻队员控制好守门员的长传球后（这可以根据队员的能力而定），回追的防守队员可以从小球门后开始回追。

4对5进攻1个球门

第二名前锋和第四名后卫加入到练习中之后，练习内容可以使训练达到更高层次的目标，比如训练2名前锋如何应对4名后卫的行动，或者整体上如何应对平行站位的4名后卫。即使这个练习从守门员长传至对面的其中1名前卫开始，运球仍然是第一行动选择。

另一名防守队员在下一次进攻中进行回追。依次轮换。

3 适合的练习 点燃训练热情

这种改变练习内容的形式，演绎了另一个与实际比赛场景相结合的训练理念。这就是根据提高队员位置能力（功能）的目标，决定练习内容。

这个目标可以是练习中的某个特殊位置，或者是特殊阵型中的某个位置。当训练初学者或是低水平队员时，教练员通常会告诉队员模仿某个比赛中特殊位置，比如，最先持球的队员会被当作进攻前卫。这样，将会激发队员对经常发生的实际比赛场景的想象力。研究学习进展理论的学者有如下结论：人们同时做和说的时候，是学习的最佳时机，并能够保持最长的时间。自言自语，很大程度上是出于自己想象正在做的事情。我们可以在孩子们踢街头足球小比赛中观察到此种情况。孩子们会取代各自足球偶像的位置，然后兴致极高地模仿偶像在比赛中运用的动作。

在特殊的阵型中练习某个特殊位置，应该用在高水平队员的训练中，包括职业队员。这种类型的练习被称为"功能性训练"。如何在不同阵型中训练，是《比赛是最好的导师》系列丛书第二卷中非常重要的一部分内容。

接下来的三个练习告诉我们，如何较为容易地将训练目标变化为阵型练习中与位置相关的训练内容。

训练3-5-2阵型对抗4-4-2阵型：在这个练习场景中，2名前锋进攻4名后卫。3名队员组织进攻，2名防守前卫防守（此场景下仍然在回防）。防守一方获得球权后，进攻设置在两个边路的小球门，小球门距离球门线约35m。每位队员按自己在球队阵型中的位置进行练习。这个练习同时也可以在细节上提高队员在阵型中的个人位置能力。

3对2 +
2对4，进攻1个球门

41

当进攻开始时,只要防守前卫还在回追,中场的防守就还是处于无序状态,因此进攻就更容易成功。

变更防守前卫的任务:当守门员发球时或者在发球前,就允许回追。这样的变更就将场景由反击变为进攻有组织的防守。这就导致能够运球的空间更少。

阵型:3-5-2 对 4-4-2

加上2名边前卫,现在中场是5名进攻队员对3名防守队员。

5对3+
2对4 进攻1个球门

一旦持球队员开始进攻,边前卫就可以移动接应,直到进攻结束。边前卫可两次触球。

当失去控球权时,边前卫参与防守2个小球门。

## 3  适合的练习  点燃训练热情

**阵型训练：3-5-2 对 4-4-2**

将实际比赛11对11人数减少到与此相近的场景，这个场景几乎包含所有与各个位置相关的行动，而且可以利用此场景提高队员的位置能力。这是因为：与真实比赛相比，我们创造了更多特殊位置的重复练习。这时，可以增加第四名防守前卫。

练习仍然从进攻一方反击的情景开始。但是，现在第四名防守前卫同其他前卫队员在同一时间回追。进攻的边前卫仍然是两次触球；当整体进攻提高之后，可以要求一次触球。

如上文所述，以上每一个训练设计都可以作为单独的练习。哪个练习最适合，取决于队员的质量和经历。每个练习都有特殊需要提高的主题。这就是说，一个练习内容需要长期重复训练，而不仅仅是一堂训练课。然而，在练习中逐步熟悉了练习结构和要求之后，练习将会变得越来越容易。这将会加速队员学习比赛能力的进程。

比赛中大多数技术和战术的行动不仅仅发生在一个场景中。比如，当边路或者中场有纵深的空当出现时，持球队员也可以运用长距离的带球跑进入这些空当。比赛中类似的场景都可以截取出来创造训练内容（参见6.2 在比赛场景下练习，1对1）。

比赛场景

边路1对1运球

中场1对1运球

## 3.5 为下一次训练课设计练习内容

### 3.5.1 总体考虑的内容

教练员观察自己的球队打比赛，然后在训练场进行练习。一般来说，观察集中在两个不同的方面。

（1）第一，对于青少年队员的发展，队员自身能力水平和进步情况是为其制定年复一年的系统训练主题的决定因素。可以观察队员至今为止学到了什么，有时可以观察到球员采取的其他选择或者新方法来成功应对比赛情景。

（2）第二，集中观察队员在整个队中的实际表现。观察的目的是检验为了准备下场比赛有哪些方面需要提高，尤其是在已经了解了下一个对手的情况下。

两方面观察的目的遵循同样程序。教练员分析队员水平，然后选择在下次训练中需要改进的训练主题。在准备每次训练课的过程中，教练员会回忆此主题在比赛中的典型场景，以及如何在训练中达到预期效果，无论是完成进攻或是重新抢下球后完成射门。

3　适合的练习　点燃训练热情

比赛中发生的绝大多数场景，需要成年队员或是高水平青年队员具有丰富的经验和能力才能表现出来。因此，教练员需要简化这些比赛场景，以适合队员的竞技能力。通常的做法是在不改变场景结构的基础上，减少队员的人数，给予更大的空间，以及设置特殊的限制条件。任务和目标必须仍然与现实比赛相结合。

我们应该训练比赛行为

- 比赛行为是指根据比赛和规则的基本目标而需要的所有行动（包括体能、智力和心理）。
- 比赛场景显示了需要提高的比赛能力在比赛中的实际运用，其中涵盖目标和选择。
- 根据队员的实际能力，为队员提供训练比赛行为的练习内容。并不是单纯地训练一个练习内容，而是在练习中设置限制条件以及为队员提供选择。也就是说，练习仅为队员提供训练环境和场景，这样的训练环境和场景，可以提高队员适应不同技战术主题的能力，而这些能力都是队员在比赛中需要的。
- 规则、条件和限制是为了训练队员在与比赛相近的练习（不断重复）中运用比赛行为（技术、战术、体能、社交和心理方面），从而成功达到练习目标。

在准备下次训练课的时候，尤其需要考虑：

**训练的准备和设计**
教学法需考虑的因素

**比赛观察**
- 分析需要提高的主题
- 分析这个主题经常用到的比赛场景

**设计练习的组织**
- 比赛中实际发生并与主题相关的行动
- 设计不同的选择提高队员决策和转换能力
- 根据队员实际水平决定练习的空间和时间

**训练课的练习安排**

一般来说，足球不同的技术练习不需要施加任何环境压力（包括来自教练员的压力）。然而，如上文所述，技能练习需要在一系列相关的行动中完成，实际就是技术在比赛中的运用。这种从练习单个行动到比赛行为的简单转换的有利一面从刚开始就显现出来，而且由于长时间训练一个练习内容，练习的激励性也提高了。并且，这种激励性会一直保持并且还会提高，因为在一个练习中会有不同的变化。

下面章节的内容向初学者介绍设计与比赛相关训练的入门级方法，用来提高队员的足球技能。

### 3.5.2 技术主题

**传球**

**需考虑的基本要素**

- 队员的水平：U12的少年队员。
- 比赛场景：中场有空当，进攻对方球门。
- 扩展内容：配合和完成射门。

**比赛场景**

在中场组织进攻

根据队员水平简化的比赛场景

## 组织

一个标准球门，2名守门员把守。2个3m宽的小球门放置在离标准球门30m远的对角线上。8名队员，每个小球门后面站2人为一组，其余4人每人1球站在中路。

## 目标

1名队员跑过其中1个小球门，接中路1名队员的传球。2名进攻队员面对守门员进攻，然后轮换。

每名队员在传球前可以3次触球（不能运球）。如果队员能够不间断地向前移动接到同伴传球并进球，可以得2分。进球后，队员跑回来，交换位置。如果守门员得到球，他可以手抛球向任一小球门发动反击，进球得1分。这个练习就是守门员和场上队员的得分比赛。

## 头顶球

### 需考虑的基本要素

- 队员水平：U14青少年。
- 比赛场景：边路任意球。
- 扩展内容：球员完成射门。

### 比赛场景

边路任意球

根据队员水平简化的比赛场景

**组织**

一个标准球门和1名守门员。标准球门对面25米放置1个小球门，2名防守队员站在门内。离小球门10米设置一条顶球线，1名防守队员盯防这条顶球线。在顶球线后，设2名防守队员。2名头顶球队员站在顶球线上。2名供球队员每人1个球站在小球门两侧5米处。

**目标**

供球队员轮换掷球给头顶球队员，然后将球顶向球门。在小球门内的那名防守球员作为场上队员。

如果防守队员把球顶在顶球线以内，2名头顶球队员可以自由进攻并完成射门。

如果防守队员把球顶回给供球队员，供球队员就重新掷球。

如果防守队员把球顶过顶球线，在另一半场的2名防守队员即可以得球进攻标准球门，2名头顶球队员防守，形成2对2。如果头顶球队员将球抢回来，就把球传给供球队员寻求下一次头顶球进攻。每次进球之后，从下一次掷球和头顶球进攻重新开始。更换供球人和头顶球队员。总共24次头顶球（每人6次）之后，换组进行。

### 控球

**需考虑的基本要素**

- 队员的水平：U12青少年。
- 比赛场景：中场和边路空当。
- 扩展内容：跟进。

**比赛场景**

控制好防守队员踢出的高球

根据队员水平简化的比赛场景

3　适合的练习　点燃训练热情

**组织**

1个标准球门和1名守门员。标准球门对面25米处放置1个3米的小门。6名进攻队员，标准球门两侧靠进球门线处（左侧和右侧）各站2名队员，另外2名队员站在小球门前。2名防守队员站在球门两侧。

**目标**

守门员将球传给小球门前的1名进攻球员，进攻队员控球后运球，并传向在边路接应的1名队友。边路队员控好球，与此同时中路进攻队员在罚球区的后部接应。边路队员传球，中路球员控球后，完成射门。完成一次进攻后，进攻队员按照顺时针方向轮换，下次进攻另一侧。另外，当边路队员接到球后，1名防守队员可以立刻跑上来防守。如果防守队员抢到球，他可以跟另一名防守队员反击小球门。如果防守队员反击成功，则攻防互换。

### 运球和假动作

**需考虑的基本要素**

- 队员水平：U14青少年。
- 比赛场景：中场有空当，并进攻对方球门。
- 扩展内容：跟进。

**比赛场景**

运球通过中场

根据队员水平简化的比赛场景

49

**与简化后的比赛场景相关的训练组织**

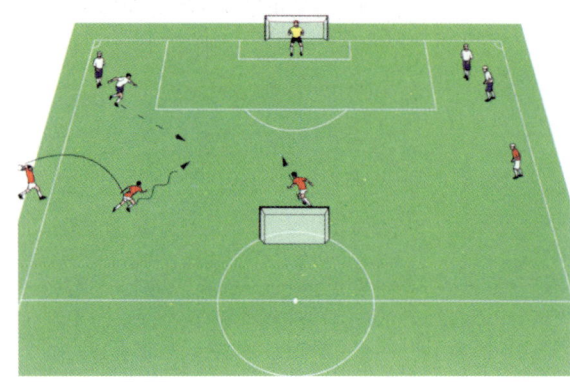

**第一个选择**

接界外球,然后完成1对1射门;两侧轮换练习。

**第二个选择**

中路队友接应,只允许传球一次,然后队友必须自己完成射门。如果有队友接应,防守队员盯防接界外球的队员,并抢球。

### 3.5.3 战术主题

**攻守转换和快速反击**

指导一支球队在中场/后场抢下球,在对方无组织防守的情况下,快速反击。

**与主题相关的比赛场景**

**1.** 在对抗中(1对1,1对2)抢下球后反击。

**2.** 抢断对方的配合后反击。

**需考虑的基本要素**

- 队员水平:U14青少年。
- 比赛场景:在中后场抢下球。
- 作为新的训练内容,先从小组开始,逐步进展。

第一步:抢断对方运球。

第二步:抢断对方配合。

3　适合的练习　点燃训练热情

**比赛场景**

在本方半场的边路抢下球

根据队员水平简化的比赛场景

### 第一步：抢断对方运球

为了提高青少年队员的反击行动，只需在中场和后场设置必要的队员。

在球附近接近比赛的场景为：1对1+1，1名接应的中场队员距离较远，还有进攻的1对1（在中圈）。根据队员年龄和选择的跑动路线，我们减小空间，组织与此比赛场景相关的练习内容。

2组交替进行训练，可以在一次高强度的进攻结束之后，给队员一个恢复的时间。

### 组织

中线后20米两侧各设置1个小球门，距离边线10米。

- 罚球区线上设置1个标准球门，设1名守门员。
- 每个小球门前都是2对1防守。
- 中线另一边，每侧都是1对1。
- 每侧边线有1名进攻队员持球。
- 每个小球门后面均有2名替补防守队员。
- 每侧边线外均有1名替补进攻队员。

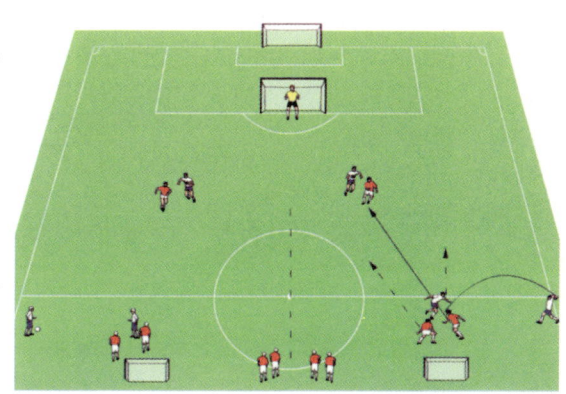

51

## 目标

- 队员在标准球门两侧轮换练习。
- 掷界外球给进攻队员，面对小球门前的2名防守队员完成射门；如果完成射门，即进行下一次界外球进攻。
- 如果防守队员抢下球，与队友一起反击另一半场的大球门。
- 条件限制：只有当防守队员抢下球后，掷界外球的队员才能参加防守阻止对手的反击。
- 每次反击之后，替补队员上场。

**下一步，将两组融入一个繁复练习**

## 目标

- 如果防守队员抢下球，可以选择在本方一侧反击，或是将球转移到另一侧同伴，共同完成射门。
- 从两侧边线交替掷界外球。

## 进展

从进攻一方半场传球开始练习，而不是从掷界外球开始。

### 第二步：抢断对方的传球

**比赛场景**

在后场抢断对方的渗透传球

向对方前压的后防线身后渗透传球

# 3 适合的练习 点燃训练热情

**繁复练习**

**组织**

- 2个罚球区线上，分别放置1个大球门。
- 2支球队，在本方半场进行4对2，在对方半场进行4对6。

**目标**

- 守门员长传球到对方半场发动进攻。
- 限制条件：不允许回传！
- 防守方抢下球后，发动反击。

特殊的限制条件为抢下球的一方练习此主题提供了合适机会，也使"反击"主题在练习中能够被更多地重复练习。重复次数是学习过程的必须条件。

53

### 4后卫平行站位防守

**需考虑的基本要素**

- 队员水平：U16青少年。
- 比赛场景：持球队员向防守方罚球区推进。
- 将训练内容作为进展内容向队员介绍。

**比赛场景**

中场队员断球，面对本方的前锋

与队员经验水平相关的比赛场景

### 第一步

**练习组织**

**组织**

- 1名进攻前卫和2名前锋对1名防守前卫和4名后卫。
- 1名守门员防守1个标准球门。
- 在中圈平行于球门线设置1个5m宽的反击球门。

**目标**

- 进攻前卫接到发出的球门球后，必须传球给同队的前锋，前锋完成射门。
- 进攻前卫只能在球后接应。
- 防守队员抢下球后，攻守转换，将球传过反击球门给队友。

### 第二步

进攻前卫不设任何限制。

### 第三步

- 另一名进攻前卫在中圈设置的反击球门后。
- 防守前卫可以抢断发出的球门球。
- 进攻前卫可以将球传给另1名前卫，由另1名前卫组织进攻。

设置反击用的球门

### 3.5.4 训练课融入与比赛相关的主题

在一堂训练课中，除去热身和最后的放松整理活动，主要内容的平均训练时间不超过60分钟。为了避免队员对训练主题因熟悉而自我满足，一个主题不超过30分钟为宜。为了激励队员和保持队员的专注性，可以变化训练的主题。

融合不同主题的练习内容到最后真实比赛，既可以激励队员，也可以提高队员的经验。

例如，我们选择一个主题，当前卫队员控球时，提高前锋队员的接应能力。根据此主题的要求，首先要训练前锋的接应能力。

为了设计适合此主题的训练内容，前一个防守练习中的实际比赛场景可以用来作为背景。总之，在大多数比赛场景中，进攻和防守的不同主题都可以被提高（在这个例子中，有防守压力情况下的运球射门；2对2的配合；或内线防守队员的防守）。

#### 前锋接应持球前卫

**需考虑的基本要素**

- 队员水平：U14青少年。
- 比赛场景：持球队员向防守方罚球区推进。
- 拓展内容：多名队员组合。

**比赛场景**

前锋在持球前卫的前面

根据队员水平简化的比赛场景

由于这堂课的主题是：当前卫拿球时，提高前锋的接应能力，那么练习首先要特别集中在前锋的行动上，以便在中路完成射门。这就意味着，在这个练习中，首先必须观察和纠错前锋的接应行动。

**组织**

- 设1名守门员防守1个标准球门。
- 平行边线上设置2个3m宽的反击小球门，距离大球门35m，相对放置；
- 5名进攻队员在中圈，在罚球区前，2名后卫防守1名前锋。

**目标**

- 1名前卫与在罚球区前的前锋面对2名后卫，完成射门。
- 如果后卫抢下球：反击——传球穿过任一反击球门，然后与进攻队员互换。

守门员发球给中圈的1名进攻球员。

进攻队员控好球，然后向球门推进，位于球前的前锋接应。

第二个主题可以作为选择为其数周的系统训练的后续内容之一：

### 保持控球权

**需考虑的基本要素**

- 队员水平：U16青少年。
- 比赛场景：在本方半场组织进攻。
- 此主题是队员提升到高水平需要练习的。

**比赛场景**

从后卫线组织进攻

根据队员年龄简化的比赛场景

3　适合的练习　点燃训练热情

**组织**

- 4名后卫和1名防守前卫，2名前锋和1名进攻前卫在一个半场。
- 1名守门员位于另一半场的罚球区线。
- 在中线设置2条反击线，每条线10m宽分别位于两侧边线内5m处。

**目标**

- 防守队员抢下守门员发出的球后，进行攻守转换，运球越过任一反击线，把球传给守门员。
- 前锋和进攻前卫抢球，把球踢进无人防守的球门。

**融入两个主题到最后的练习**

**组织**

- 另1名守门员防守另外1个球门，球门设置在另一半场中线后25m处。
- 2名后卫防守1名前锋。

**目标**

- 进攻队员将球传过中线后，持球队员运球和前锋队员配合，2对2面对后卫，完成射门。
- 如果后卫抢下球，传球给另一半场的队友，然后跟进接应。
- 球被踢出场地后，练习重新开始。

## 3.6 如何设计一个小场地比赛

**示例1**

需要观察在下一堂训练课中有待提高的特殊主题。在这个案例中,我们选择"快速射门"这个主题。

选择此主题经常发生的比赛场景。

**小场地比赛:3对3**

在此图中,不需要白色方框中的2名队员,因其与训练主题不相关,这样2支队伍人数对等。这个练习是3对3,进攻1个球门。

下一步要设计攻守转换的选择。在此练习中,在球门对面35m处设置另一个标准球门,1名守门员防守。

**小场地比赛:3对3进攻2个球门**

3对3是强度很大的比赛,在35m长的场地中,队员只能集中精力投入6分钟。为了在整堂训练课中延长此主题的训练时间,以使队员获得经验,每一组都有第二小组遵循特殊规则进行不断替换:

每队分为2个小组,每个小组3人,轮换进行练习。每队完成防守的小组准备进攻;而另一队的进攻队员则留在场地上进行防守。

### 示例2

主题：边路进攻

**比赛场景**

边路进攻

根据队员能力简化的比赛场景

**组织**

- 设1个标准球门，1名守门员，守门员为中立队员。
- 在距离球门线35m处设置2条反击线，每条线10m宽，分别位于边线内10米处。
- 2支球队，每队5名队员。

**目标**

- 5对5，进攻1个球门（4名后卫加1名防守前卫 对 2名前锋加3名前卫）。
- 每次进攻从传球给边路队员、传球队员后套开始，然后自由进攻。
- 进球或射门未进球出界：守门员发球给进攻一组的任一队员开始下一次进攻。
- 守门员得球或防守队员抢下球：向任一条反击线组织反击。
- 防守队员运球越过任一条反击线：攻防两队互换，防守一方马上进攻大球门。
- 练习时间：10分钟。

## 4 指导细节 加速队员进步

练习仅仅提供了学习的机会。
纠错、示范和详细讲解才能使队员提高和进步。

### 4.1 概述

指导必须考虑教育过程。教练员通过讲解和示范教队员如何成功地应对特定的环境和特殊的场景。指导与科学的学习进程理论密切相关。

研究表明，人类最有效率的学习方法不仅是自己听，还有自己做和讲解自己的行动。这些理论在足球执教过程中要考虑到。以下内容是足球训练的三个重点：

1. 首先让队员发现新的任务。
2 为队员设计训练，使队员在训练过程中自己寻找最适合的解决方法。
3 鼓励队员与其他队员沟通交流。

### 4.2 发现原则

孩子们在表演他们自己创造的活动内容时，会更专注更有激情。因此，可以适当让他们自己设计和组织训练内容。

可以鼓励孩子们与教练员进行简短的讨论，之后由孩子们自己做出方案。孩子们感觉他们自己的想法被采纳时，会更有激情投入训练；而且，在体能方面也会更加投入。队员可以自我管理练习内容。教练员可以信任队员，请他们完成某些特殊的任务，比如请他们担任裁判员，或请他们控制练习时间，以及由他们挑选队员参加练习，由他们列出特殊的结果。

4 指导细节 加速队员进步

然而，对于少儿和处于青春期的青少年来讲，最好的激励是给予他们不受影响的踢球机会。教练员可以在训练课中安排这样的内容，如利用小场地比赛来提高队员能力进而达到完成学习目标的要求。队员最初的经验来源于在实现学习目标过程中自己的探索。这意味着，队员首先从"尝试和错误"中学习。

## 4.3 引导和经历原则

指导足球运动员的目的是为了能够使队员帮助自己在比赛中踢得更成功。指导意味着支持和协助队员提高自身能力，即使在有教练员指令和要求的情况下，队员自己也能够在场上踢得独立和成功。

这样的话，指导的基本目标应该是向队员展示、示范和讲解成功的行动，还可以进而讲解示范在特定场景下为何其他的行动能够更加成功。讲解更为成功行动的原因时，可以通过言语表述，更重要的是通过示范让队员意识到其他可选择的行动细节。

示范和讲解应该始终与特定场景下对手和队友的行动相联系。如果防守队员有准备，那么队员可以体会采取何种行动才能够获得成功。讲解和示范成功的行动遵循"如果——就"原则。这将会提高队员做决定的能力。

简短的讲解结合清晰的与事实相关的示范，既可以打开队员的思路，也可以使队员对教练员的正确的评价感兴趣。

在足球比赛中，队员的决策能力是最重要的能力之一。这种能力需要队员能够分析现实情景，不仅预判其他人的意图（尤其是对手），而且能够基于他人的行动更加快速和成功地做出反应。

队员典型的问题是"为什么我要这样做"？有时我们在场地会听到这样的答案"因为我告诉你这样做"或者"因为我是教练员"，这样的答案丝毫不能帮助队员进步。教练员必须为队员提供建议，并且通过动作示范来说服队员。教练员的答案有时可能是"根据其他队员的行动，你试试这样做怎么样"？

根据学习进程基本原则中的探索环节，教练员没有必要提前讲解将要进行的技术动作和战术行为的特征及细节。与此方法相反，有时其他运动项目训练时，在开始练习之前，教练员会给运动员一些特殊的建议，可以帮助运动员将注意力集中在这些建议上，而不允许队员通过自己探索来获得重要的经验。

指导队员学习比赛需要的行动和技术，就是当队员出现明显的错误和问题时，通过示范和纠错来增加队员的经验和知识。因此，叫停是提高队员技术和战术能力的最有效的方法。

为了纠正和提高队员的动作和行为，教练员会叫停正在进行的练习。每位队员都位于叫停时所处的位置，现实场景就被"冻结"。队员可以在无压力的情况下观察现实的情景。冻结的场景，可以使教练员有机会给个别队员或一组队员讲解和示范如何更有效地应对现实场景，以及为何教练员示范的选择可以更成功地应对此场景。队员可以有时间观察并重复教练员示范的行动，进而更好地理解教练员意图。队员在无防守的状态下重复教练员所做的示范。然后，教练员从暂停的时刻重新开始练习，队员在实际场景中再重新实践。

下面举两个例子说明教练员在训练课中的执教原则。一个例子与技术失误相关，另一个与战术错误相关。

### 示例：技术失误 ——脚背射门

蓝色队员位于罚球区内球门的右斜方，球从左路传来，该队员用右脚射凌空球。

**脚背**

相关的技术执教要点：

- 当射门时，支撑腿要靠近球的侧面。

即使是职业队员（像菲戈）有时候在比赛中也会由于足球技术的难度而无法完成动作。

**白线显示了支撑腿的范围**

图A，显示在队员接触球之前，左路的来球已经越过了支撑腿的范围。图B，当队员触球的瞬间，球的位置已经远离支撑腿。图C，显示没有踢中球的正中部，而是侧部。而且，可以看到球的旋转已经失控。踢到球的左侧或右侧都会使球旋转，因此球无法按照直线运行。图D，进一步演示这个错误（运气不好）。球高出横梁，飞向空中。

足球实战训练　比赛是最好的导师

> 脚背射门的建议：
> 随前补射——以便抓住
> 反弹球机会
> 射门动作的关键点：
> 射门时，触球点靠近支撑腿
> （侧面）

为了在训练中纠正这样的错误，可以让其他队员继续进行练习，而叫停射门的队员。这样，教练员（或者其他队员）可以为这名队员单独示范如何使用脚背射门才能更为成功。

教练员和队员之间的对话，要能够引导队员细致地观察需要提高动作质量的具体环节。

"观察我射门时，当脚触球的瞬间，触球点是在我的支撑腿前方，还是在正侧方？"

队员此时会集中精力观察触球点的关键位置。示范通常只展示正确行动。射门时的触球点，必须靠近并且在支撑腿的侧面。

队员的回答通常是正确的。在观察正确动作之后，队员就要尝试做刚才观察到的正确动作。最后，他再次加入小组继续练习。

4 指导细节 加速队员进步

### 示例：后卫的战术错误

前锋（白色球衣）跑动要球，接应边路持球的队友（图A）。2名中路后卫（蓝色球衣）都看到这名前锋的跑动，但是没有人跟进逼抢进而阻止这名前锋转身面对本方后卫和球门（图B）。这名前锋可以轻易转身（图C），在罚球区前面对没有纵深保护的1名后卫（图D）。

为了在练习中纠正这个错误，当边路进攻队员拿球时，教练员叫停练习。每名队员都站在原地。教练员"冻结"场景，用来帮助队员分析。

**防守的原则**
始终要保护对方前锋可以射门得分的最危险位置。

**解决办法**
离跑动接应的对方前锋最近的后卫紧盯这名前锋。右边后卫移动到内线盯防罚球区边缘的另一名前锋。对球压迫的防守队员要阻止对手将球长传到另一侧。

65

教练员可以从后卫的视角，慢速地演示在此场景下的其他行动选择，然后讲解为何这样的行动能够更为成功。教练员要明确指出在正常比赛中（所有队员都全力参与）更为成功的行动。队员重新练习新的解决办法，教练员从叫停前的场景重新开始比赛，这样可以再次给队员机会练习教练员希望看到的正确行动。

只有当一个错误重复出现二三次，甚至更多次的时候再进行纠错。教练员可以在相邻场地单独纠正个别队员。但是，如果好几名队员都犯同一个错误，就应该在全队面前演示纠错内容。

为了避免使队员迷惑，每次进行细节纠错时，只针对一个错误。再次强调：示范时只演示成功的动作。不要举例说明不正确的内容。

教练员通过对正确行动的精确提问，引导队员寻找解决问题的办法。然后，队员重复练习正确的内容。

总之，只有严重的错误才应该被纠错，而不是每次细小的失误。为了纠错而经常打断训练，会降低队员参与训练的兴趣。也就是说，纠错是为了直接帮助队员练习特定的行动和主题。

下面表格说明按照一般方法论需要考虑的内容，目的是为了使各个年龄段的队员在训练中都能达到预期的进步。

**执行和纠错**
**方法论方面需要考虑的因素**

**讲解任务**
- 演示行动的整个过程
- 对队员或问题进行精确和简短的讲解
- 按流程进行清晰的示范

**行动开始**
- 队员观察任务执行的全过程
- 反复练习
- 给予重复练习和学习的时间
- 队员自己寻找解决方案
- 队员自我调整

4 指导细节 加速队员进步

**练习评估**
- 纠错
- 调整练习结构
- 调整队员人数
- 简化任务（如果可能）
- 纠正个人或小组的错误
- 在队员成功完成任务的基础上，合理安排进展

## 4.4 互相指导原则

队员除了身体移动进行接应之外，还可以通过沟通交流提醒队友身处的特殊场景，也可以给队友建议。这种交流在队内就是一种协助，比如在所处空间、保护或接应跑动方面提醒队友。这种交流包含一些特殊词语。这些词语需要每位队员都明白其中的含义。也就是说，每位队员都要马上明白呼喊的队员想要表达的意思。比如：

控好球　意思是，先控制好球，队友正在接应，目前没有其他传球选择。
人来了　意思是，注意，有一位对手在背后。
一脚球　意思是，马上回传以保持控球权，有防守队员紧盯你。

队员需要时间去观察和分析比赛局面的发展，以决定采取最成功的应对方案。队员应对得越快，给对手反应的时间就越少。因此，反应速度应当作为足球比赛最重要的成功因素之一。边说边踢能够缩短分析以及决策的时间。正因如此，每位队员都应该把自己看作是在其身前和身侧队友的教练员，因为队员能够观察到他的队友身后发生的情况。

> 在比赛中，每位球员都必须是在其身前和身侧队友的教练员
> （约翰·克鲁伊夫）

67

　　后面的队员可以指导在其身前的队员。由于守门员在场上的位置关系，这种情景在守门员身上最为常见。因此，队员做决策前的互相交流必须看作是非常重要的接应手段。然而，队员之间的交流首先是依靠观察和跑动（大多数在进攻中），其次也会运用语言沟通的方式（大多数在防守中）。

　　总之，接应性的交流有赖于队员的比赛经验、激情和边说边踢的冒险精神。在队员开始足球生涯的时候，教练员就应该运用特殊的练习方法培养和提高队员这方面的能力。小场地比赛和繁复练习，是根据比赛场景进展到训练课最后阶段的内容，也是训练队员交流能力最有效的方法。因为这样的练习为队员提供了各种决策的选择，而且与在比赛中发生的行动相一致，并且在有限训练时间内可以延长训练课主题的练习时间。

　　教练员应该鼓励队员在训练或比赛中互相交流。队员需要学习分辨接应性交流（团队体育项目中重要的社交手段）和叫喊（噪音，使人分心的叫声）的区别。然而，最不合理的行动是，当自己被盯防或处于不利位置时，该队员仍然向同伴要球。这种情景在经验不足的年轻队员的比赛中尤其常见。通过交流，队员可以增强彼此间的责任感，并且提高自身对比赛的专注度。在随后比赛中，行动会更有效率。

　　鼓励队员去指导队友，还可以起到增强队员接受并且信任教练员建议的作用。相信教练员或队友说的话，可以提高队员在比赛中的投入程度。如果队员怀疑某人的建议，那么他就不会全身心投入。因此，怀疑会减少成功的可能性。相反，如果队员听从指令全力投入，那么他最终会表现得更好。

　　根据队员互相指导的原则，教练员应该鼓励队员在练习和比赛中交流，并且将其作为培养队员比赛能力的一种重要手段。教练员可以要求队员承担特殊的职责，还可以给队员安排特殊的组织任务。当然，首先教练员要示范如何做，然后队员再做。

## 4.5 执教要点 成功的良方

一般来讲，队员在足球比赛中的职责可以分为三种。一旦一方控制球权，根据队员的位置职责、球的位置以及组织并完成一次进攻的战术要求，每位队员必须移动接应。

一旦一方失去控球权，根据队员的位置、球的位置以及夺回控球权并再次进攻和进球的战术要求，每位队员同样要移动和应对。也就是说，防守不仅是为了阻止对方进球，更要想办法抢回球。因此，队员在比赛中必须时刻留意自己所处的位置。即：队员为了继续比赛，必须时刻分析现实场景和可能出现的选择。尤其是队员必须不断地寻找战术解决方案，而且一旦当本队控制球权时，就要决定采取什么样的技术行动来获得成功。

然而，最重要的职责是在攻守转换，由攻转守和由守转攻的瞬间。队员转换得越快，进攻或防守的成功率就越高。这关系到对手组织防守或组织并完成进攻所需的时间长短。显而易见，在队员开始足球生涯的时候，教练员就应该提高他们阅读比赛和决策的能力。在指导过程中，教练员可以为队员提供学习机会来提高队员的意志力、冒险精神和自信心。理念很简单也很容易理解。

为了能够将队员在训练中的行动运用到比赛中：
- 活动内容应能为队员提供不同的选择，从而提高队员在攻守转换中的决策以及寻找不同方法和可行性的能力。
- 讲解、示范和纠错要注重细节，并且要结合真实比赛场景。

指导不是重复普通的足球短语，而是需要具体、详细的讲解和示范在特定场景下做出的特殊技术动作。

因此，在本书中除了演示在练习中的技术和战术行动之外，还为读者提供了练习中最重要的执教要点。

**示例：主题"带球跑"**

练习中需要提高的关键行动：队员必须在跑动中控制球；而不是球来控制队员的跑动。

- 慢速运球来保护球。
- 快速运球来摆脱对手或利用空间。
- 用脚内侧慢速运球，并且靠近身体。
- 用脚背或脚外侧快速运球（向前方推球）。
- 护球时，身体（双脚）要处在球与对手之间。
- 在对方身前时，用脚内侧斜线运球。
- 用脚外侧斜线运球摆脱对手。

在做接球、运球和踢球的动作时，关键点在于使用脚、身体和头部。

一般来讲，队员用脚的4个不同部位踢球：
1. 脚背　　2. 脚内侧　　3. 脚外侧　　4. 脚尖

此外，可以用身体（胸部、腿部）接空中球，然后控制球。有时，还会用脚后跟或者脚底踢球。

无论是接球、运球、传球或是射门，队员必须学习和提高动作的关键环节。这些关键环节与支撑腿和踢球腿有关。由于身体保持很好的平衡，正确动作就能够控制球向理想的方向运行。

### 基本足球技术的执教要点
#### 运用脚背
**执教要点**

支撑腿：
- 重量都集中在脚底。
- 膝关节微微弯曲。

踢球腿：
- 脚尖向下。
- 脚踝绷紧。
- 用整个脚背踢球。
- 触球点靠近支撑腿。
- 踢球腿落地。
- 触球时，膝关节在球上方。

### 运用脚内侧

**执教要点**

支撑腿：
- 重量都集中在脚底。
- 膝关节微微弯曲。

踢球脚：
- 脚尖上翘。
- 脚踝绷紧。
- 用整个脚内侧踢球。
- 踢球脚离地2~3英寸。
- 带动踢球腿向前上方或向支撑腿方向摆动。
- 触球点靠近支撑腿。
- 踢球后，踢球脚随球摆动。

### 运用脚外侧

**执教要点**

支撑腿：
- 重量都集中在脚底；至少有一只脚远离球。
- 膝关节微微弯曲。

踢球脚：
- 脚尖平行地面或垂直地面。
- 脚踝绷紧。
- 用整个脚外侧踢球。
- 触球点斜向远离支撑腿。

### 运用头部

**执教要点**

- 用前额头顶球
- 睁开眼睛，触球前，面对着球。
- 颈部保持稳固。
- 头顶球的力量来自于躯干的屈伸。
- 头顶球后睁开眼睛，颈部随出球方向摆动。
- 在球到达之前，用双脚或者单脚在跑动中起跳，躯干伸展。

### 运球

**执教要点**

- 用脚内侧斜线运球；用脚外侧斜线摆脱（假动作）。
- 用脚外侧运球（快速运球）。
- 向对手侧面运球，迫使对手侧身移动。
- 运球面对防守队员时，保持速度控制好球（不要浪费时间）。
- 运用假动作诱骗对手，比如先向一侧上步。

### 接地面球

**执教要点**

- 向来球移动。
- 触球前减速。
- 身体位于球和防守队员之间。
- 支撑腿的膝关节微微弯曲。
- 第一次触球后将球控制在距离身体一步范围内。
- 当第一次触球时，接球脚就把球控制到某一方向。
- 第一次触球位置靠近支撑腿（当球传向脚时）。
- 后续动作与第一次触球同时完成，脚步与身体向球的运行方向移动。

### 接空中球

**执教要点**

用脚接球

- 第一次触球时，就将球控制到某一方向，身体随之移动。
- 不要让球弹跳。
- 在球接触地面之前，用脚接球向内或外转身。

用胸部接球（双脚着地）

- 两只脚在地面，膝关节微微弯曲。
- 躯干成弓形迎接来球，第一次触球时将球控制到某一方向。
- 双臂向后，身体保持稳定（尤其是当球跳起到胸部高度时）。
- 将球停向地面。

4 指导细节 加速队员进步

### 射门

**执教要点**

- 一旦出现射门机会,第一时间射门。
- 用脚背远射。
- 用能够以最快速度射门的脚射门。
- 射门之前要观察守门员的行动。
- 跟进准备补射。
- 在近角射门时,用脚内侧。
- 如果守门员出击,用运球和假动作应对守门员。

### 基本防守行动的执教要点

#### 延缓

**执教要点**

- 延缓时,要保护球门的延长区域。
- 迫使球远离球门。
- 利用后退来减缓持球队员的速度。
- 与进攻队员保持一步距离。
- 只看球,不要受对手假动作诱骗。
- 等待进攻队员决定想从哪一边突破。
- 始终准备着利用进攻队员的失误。

#### 压迫(对球)

**执教要点**

- 如果对手试图进攻有保护的防守一侧,立即抢球(不要让对手突破已经有保护的防守一侧)。
- 一旦对手将球踢向防守队员身后的空当,立即转身并上前抢球。
- 在与对手同一方向跑动时,主动抢球。
- 想方设法从侧面阻断对手的路线,并抢下球。
- 在向球跑动的过程中,运用身体进一步压迫对手,迫使其远离预想的路线。
- 双方同时触球时,将球踢出对手控制范围。

### 铲球

**执教要点**

- 在接触对手前,先触到球。
- 用一条腿铲球。
- 从侧面铲球,或者与对手同向跑动时铲球。
- 将球踢出持球队员的控制范围和方向。
- 向球的方向滑铲,将球停下;在可能的情况下,控制好球。
- 用脚背或脚内侧踢球。
- 当对手无法下次接触球时,进行铲球动作。
- 当靠近球进入铲球范围时,进行铲球动作。

下面章节所描述的练习内容,都有不同的主题,这些主题都可以用各自的练习来提高。相关的技术和战术执教要点可以在附录中找到。这些内容是上述执教要点的补充,在相关章节(5.2)中可以找到各自的练习内容。

# 5 行为转化 比赛场景再现式练习

**恰当的练习而非更多的练习，才是引发有效学习和提高之所在**

## 5.1 概述

在训练组织过程中，教练员不断提供不同的训练手段并不意味着其训练就是合理有效的。训练手段为运动员提供了学习提高的机会。运动员必须有足够的时间和选择去提高他们的技能，无论是心理上的技能，还是战术技能及社会行为技能。教练员不仅要分析运动员存在的问题与不足，还要强化他们的特殊能力，以帮助运动员提高他的专项水平。教练员不仅要做日常准备，还要准备好临场发挥。因此，一成不变的训练方法很难得到理想的效果。根据队员的水平和进步情况对训练的方法进行调整变化是非常必要的。此外，诸如天气、场地条件和其他不可测的环境因素，都是教练员在设计训练计划时需要综合考虑的方面。

当教练员在准备一堂训练课时应该考虑：本次课的目标与主题；与主题对应的练习、运动的能力以及每个手段的练习时间。

这就是为什么本书没有为读者罗列一次完整训练课的安排，以及不同的训练手段与方法。从根据真实比赛设计训练内容考虑，本书以青少年为对象，提供了很多与比赛有关的1对1至3对3的不同练习。很多专家级教练员曾指出"如果一名运动员会打3对3，则说明他具备踢足球的能力"。而另一些人认为，运动员在1对1中所表现出来的能力更为重要。

## 5.2 练习

# 1对1

### 5.2.1 1对1及2对1的比赛场景

**1对1**

- 面向进攻方向，中路突破
- 面向进攻方向，从边路进攻
- 面向进攻方向，从中场进攻
- 背对进攻方向

**比赛场景：1对1面向进攻方向中路突破**

**比赛场景**　　　　　　　　　　　**场景图示**

**与比赛场景有关的练习**

水平：简单的1对1技能练习；年龄为10岁以上

5 行为转化 比赛场景再现式练习

**练习组织（1）**

**组织**

- 1个标准球门，1个小球门（5m宽），2个球门相距35m。
- 守门员发球。
- 10名队员，分成2组，4名进攻队员站在球门前，离球门约30m。
- 2名防守队员站在禁区附近，面对进攻队员。

**目标**

- 守门员轮流将球发给不同的进攻组。
- 进攻队员首先运球，之后完成1对1并射门。
- 如果防守队员断球，他随即运球进攻小球门，并与进攻队员交换角色。

在本章的后面部分，我们将为读者提供不同训练主题的练习示例。其中一些示例很多练习的要点是重复的，因此为了简化学习过程，我们不会不断重复同样的练习要点。

为了达到上述目标，我们将在本书的附录部分给出读者不同练习的指导要点。

同时作者将对每一个主题的练习要点进行说明。详细的练习要点见附录。有些主题的关键词会出现在多个练习中。练习执行要点通常与具体的比赛情景相关，因此特定的练习均有相应的编号。

**提高训练主题（1）**

| 进攻 | 防守 |
| --- | --- |
| 接空中球 | 延缓 |
| 运球 | 抢断球 |
| 假动作 | 抢球 |
| 射门 | |

77

**练习的变化/调整**

**有利于进攻的变化**

• 防守队员只允许在罚球区外抢球

• 防守队员只允许封堵至球门的线路，不能抢球

• 进攻队员如果很难处理球，可以将球传给身后同伴；同伴接球后，可以继续对同一名防守队员实施1对1进攻

**有利于防守的变化**

• 两名防守队员均站在小球门附近，当球由守门员发出后，其中一名防守队员从身后追球防守

• 当进入1对1的场景，另一名防守队员可以支援

• 进攻队员仅可以采用特定要求的方式完成进攻

在每个练习的最后，作者提供了与练习主题相关的小场地比赛。在引入新的主题前，教练员可以采用这些小场地比赛，一方面可以增加训练动机，另一方面可以引导队员发现自己的问题。通过这种方式，教练员可以了解练习后队员对主题相关内容的掌握情况。

至于"练习变化"部分，则是教练员根据队员的不同水平进行相应调整的建议。

### 1对1小场地比赛

**组织**

• 8名队员分成2组。每组4人中，有2名队员站在球门两侧，一名队员站在球门内，另一名队员站在场内。

• 两个球门相距25m。

• 在每次1对1完成之后，之前站在球门内的队员运球开始另一次1对1，球门侧的某一名队员站在球门前准备下一次练习。

• 而之前进行1对1的队员回到球门一侧。

• 练习时间8～10分钟。

## 练习变化

- 如果进攻队员难以完成1对1,他可以将球回传给同伴,同伴继续对同一名防守队员实施1对1进攻。
- 在得分后,得分的队员继续留在场地内,由他来防守另一方的进攻队员。
- 进攻队员的同伴可以协助进攻,但仅可以采用一次触球。
- 不使用2个标准球门,每队进攻或防守2个2m宽的小球门;也可以在此基础上增加1名守门员(守门员防守2个球门)。

### 比赛场景　1对1面向进攻方向从中场进攻

**比赛场景**　　　　　　　　　　　**场景图示**

**与比赛场景有关的练习**

水平:简单的1对1技能练习;年龄为10岁以上

## 练习组织（2）

### 组织

- 场地中圈内有6名进攻队员，在罚球区附近有2名防守队员。

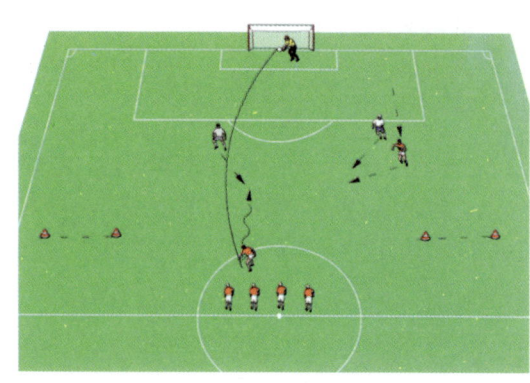

- 守门员传长球给中圈内的进攻队员，进攻队员球门运球。
- 一名防守队员上前防守，另一名防守队员保护，并防守另一名支援的进攻队员。
- 控球队员可以自己过人，或与另一名前锋配合。
- 如果防守队员断球，他们进攻小球门；如果反击成功，则与进攻队员交换练习。
- 小球门与标准球门相距35m。

### 提高训练主题（2）

| 进攻 | 防守 |
| --- | --- |
| 运球 | 盯人 |
| 支援 | 延缓 |

## 练习的变化/调整

有利于进攻的变化

- 不安排第二个前锋，不进攻标准球门，在罚球区线上设置2个进攻的小球门（各3m）
- 如果由于防守的压力很难控好高空球，进攻队员可以将球传给另一名位于中圈内的进攻队员，并由他开始进攻
- 防守队员仅在目标线之前防守，目标线位于球门前30m
- 不安排守门员（鼓励将球运向空当以及远射）

有利于防守的变化

- 第二个进攻队员必须两次触球（仅在其可以射门的情况下传给他）
- 时间限定：进攻队员控球后，10秒钟之内必须完成射门
- 有越位规则要求
- 第二名进攻队员仅可以在罚球区内提供支援，但是第二名防守队员没有位置限制

## 5 行为转化 比赛场景再现式练习

**小场地比赛**

**组织**
- 4个小球门分别3m宽；每个底线上各有两个小球门，相距15m；场地长10m。
- 队员分成2组，每组5人。
- 每队3名队员在场地进行3对3，另2名队员站在底线两端。

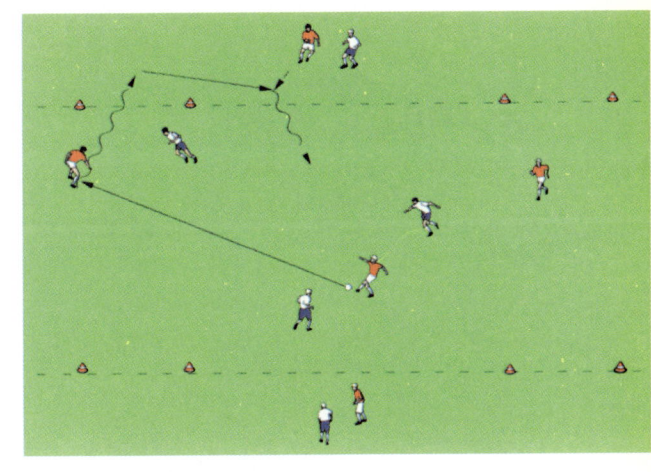

**目标**
- 在场内进行3对3。
- 运球过小球门得1分，运过球门后，将球传给本方位于底线的队员，并交换位置。
- 接到球的队员运球进入场内。
- 练习时间6~8分钟。

**练习变化**
- 不使用小球门，队员的目标是将球运过底线。
- 限制：仅可以2次触球。
- 在底线外15m放置球门，队员将球运过小球门后射门。
- 防守队员防守小球门，在对方射门得分后，可以转入进攻。
- 位于底线的防守队员可以在底线外防守2个小球门。

**比赛场景　边路1对1**

比赛场景

场景图示

**与比赛场景有关的练习**

水平：简单的1对1技能练习；年龄为10岁以上

**练习组织（3）**

组织

- 1个标准球门，1个目标线（10m宽），两者相距30m。
- 1名守门员，1名中场队员站在目标线上。
- 2名边路队员分别站在两侧边路。
- 1名前锋及1名后卫站在罚球区前。
- 在两个禁区角分别有1名防守队员。

# 5　行为转化　比赛场景再现式练习

**目标**

- 在中场队员将球传至边路后，边路队员运球形成1对1。
  - 如果突破成功，传中给前锋。
  - 中场队员参与到最后的进攻中。
  - 死球后，守门员掷球给中场队员。
  - 如果防守队员断球，他反击进攻目标线，并与之前的进攻队员交换练习。

**提高训练主题（3）**

| 进攻 | 防守 |
|---|---|
| 头顶球 | 人盯人 |
| 运球 | |
| 接球 | |
| 传中 | |
| 射门 | |

**练习的变化/调整**

有利于进攻的变化

- 前锋或中场队员可以支援边路队员，但只能一次触球
- 如果需要，进攻队员可以移动至另一侧边路
- 同侧的另一名边路队员可以支援控球人，也可以边路套上/居后插上等
- 支援的前锋可以摆脱，并在接球后自己完成进攻

有利于防守的变化

- 其他防守队员可以协防
- 有越位规则
- 进攻一方的中场队员不能支援
- 时间限制：在边路的队员接到球后，必须在15秒钟之内完成进攻

## 小场地比赛

**组织**

- 2个球门，相距30m。
- 队员分成2组，每组3名；1名进攻队员位于对方半场，另2名进攻队员位于本方半场。
- 在场地中线设两个目标线，各5m宽。

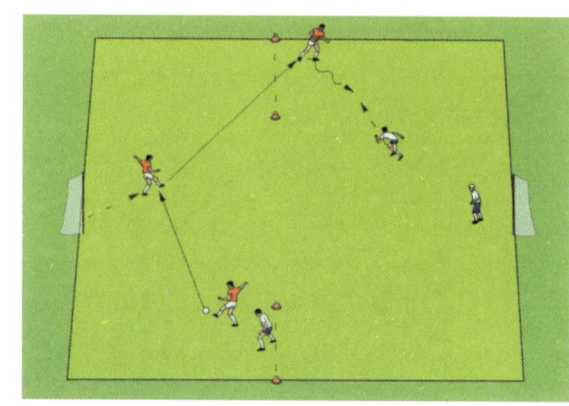

**目标**

- 前锋队员接到传过目标线的球后，形成1对1。
- 1名队员防守，另1名防守队员防守球门。
- 防守队员断球后或获得球权后，第一防守人和在球门内的防守队员开始进攻，目标是将球传过目标线并由本方队员接到球。
- 练习时间：6分钟。

**练习变化**

- 时间限制：接球后8秒内必须完成射门。
- 1对1进攻失败后，不能反抢。
- 在本方半场进行2对2。在将球通过目标线传给本方进攻队员后，门前的防守队员出来防守，另一名防守队员回到门内。在失去球权后，传球队员跑向另一侧半场。
- 同上。但是，失去球权后，传球队员马上支援，只能一次触球。

## 比赛场景　1对1背对进攻方向

**比赛场景**

**场景图示**

**与比赛场景有关的练习**

水平：简单的1对1练习；年龄为12岁以上

**练习组织（4）**

**组织**

- 3名进攻队员，3名防守队员；1名进攻队员和1名防守队员站在罚球区前，另外2名进攻和防守队员在球门两侧。
- 2名中场队员，1名防守型中场队员位于中圈附近。

**目标**

● 中场队员接球后，将球传给罚球区附近的前锋，前锋与后卫形成1对1。

● 如果后卫队员断球，他将球传给本方的中场队员，并由该队员运球过中线（目标）。

● 下一次进攻：前锋轮流练习。

**提高训练主题（4）**

| 进攻 | 防守 |
|---|---|
| 运球 | 人盯人 |
| 接球 | 转换 |
| 支援 | |
| 转换 | |

**练习的变化/调整**

有利于进攻的变化

● 前锋在接到球后，可以将球传给跟进支援的中场队员，之后摆脱对手再次要球

● 防守队员不可以在第一传球时断球

● 前锋可以将球回传给支援的中场队员，中场队员可以进行远射

● 前锋队员可以为自己创造空间，之后接渗透性传球并突破防守队员

有利于防守的变化

● 防守型中场队员可以返身回抢

● 在罚球区边缘的防守队员可以参与防守

● 中场队员必须给前锋传空中球

● 进攻一方的中场队员仅能2次触球（更有利于防守队员的判断）

5 行为转化 比赛场景再现式练习

**小场地比赛**

**组织**
- 2个标准球门，相距30m。场地为20m×30m。
- 队员分成2组，每组5名。在场内形成两组1对1，另两组队员位于边线外。2个球门分别安排双方的1名队员。

**目标**
- 每名队员只可以防守自己盯防的队员。
- 球门内的队员将球传球给本方队员，并由他完成进攻。
- 球门内的队员可以支援/接应，但不可以射门。
- 如果防守队员断球，所有的防守队员开始实施反击。
- 由被进球一方开始下一次进攻。练习时间：10分钟（队员进行位置轮换）。

**练习变化**
- 其他队员可以支援/接应控球队员，但不可以射门。
- 球门内的队员仅可以2次触球参与进攻。
- 边线外的队员可以接应，但仅可以一次触球。
- 设定射门时间限制。

**练习进展**

根据队员的进步情况，教练员可以逐步扩展练习目标，增加更多的选择。即练习的基本结构不变，但教练员可以逐步增加队员的压力，以利于更接近比赛的真实情景。这些所谓的压力包括：

- 更多的队员（练习本身更为复杂）
- 更小的空间
- 更多的选择（增加更多的决策因素）
- 更少的反应时间

练习的一步步演进应基于真实的比赛场景。更多的进攻和防守队员的参与，意味着练习变得更为复杂。这种变化增加了队员的行动选择。在这种情景下，队员会更进一步地提高自己业已在简单练习中获得的基本技战术能力。他们现在不得不观察和学习更多的战术选择，以解决目前需要克服的问题。通过这种形成的难度演进，队员可以提高自己的能力和场上表现，并提高自己的自信心和训练动机，这些对于学习过程而言都是非常重要的。

下文中，我们将为读者提供练习演进的示例，使读者了解练习如何一步步演进至更为复杂的比赛场景：2对2。

## 5　行为转化　比赛场景再现式练习

### 比赛场景　1+1对1

在之前练习的基础上，本练习增加了第二名进攻队员。在开始时，先不安排第二名防守队员。在进行1+1对1练习时，我们可以使队员学习到"如何利用接应同伴"。

### 练习组织（5）

**组织**

- 1个标准球门，1个反击球门（5m宽），相距35m。
- 1名守门员。
- 10名队员分成2组。每组4名进攻队员，站在距球门30m的地方。
- 每组有1名防守队员站在罚球区线上。

**目标**

- 守门员发球，将球传给某名进攻队员，他运球向前，与后卫形成1对1。

- 另一组一名进攻队员跟进接应，形成2对1。但是两者之间仅可以有一次传球。如果进攻队员利用了一次接应队员，之后他必须自己完成进攻，不能再次与同伴配合。

- 如果防守队员断球，他的目标是反击小球门。之后与进攻队员交换练习。

## 提高训练主题（5）

| 进攻 | 防守 |
|---|---|
| 支援/接应 | 在人数劣势下的防守 |

**练习的变化/调整**

有利于进攻的变化

- 进攻队员如果遇到困难，他可以将球传给跟进的同伴，由同伴再进行1对1
- 防守队员仅可以在进攻队员开始运球后才可以防守
- 守门员可以将球发给位置更有利于进攻的一名进攻队员，而不是轮换发球
- 守门员必须发地面球给进攻队员

有利于防守的变化

- 时间限制：在10秒钟后，另一名进攻队员才可以进行支援/接应
- 进攻队员必须完成特定要求的行动后才可以攻击防守队员
- 控球队员仅可以在罚球区内完成射门
- 跟进支援/接应的进攻队员只能2次触球，或仅可以第1次触球完成射门

**小场地比赛**

**组织**

- 2个球门，相距25m。
- 4名队员分为2组，2对2练习。

**目标**

- 进行1对1+1的练习。
- 第二名队员可以接应/支援控球队员。
- 如果同伴得球，他必须在没有支援的情况下完成1对1。
- 另一名防守队员站在球门前防守。
- 练习时间：5分钟。

**练习变化**

- 时间限制：在10秒钟内完成射门。
- 在底线上放置2个小球门，2个小球门相距10m。
- 第二名进攻队员仅可以在球后接应/支援。
- 安排更多的队员进行练习，在每次进球后与场内队员交换练习。

5 行为转化 比赛场景再现式练习

**比赛场景 2对1**

**练习组织（6）**
**组织**
- 练习组织同上。

**目标**
- 目标同上，但是进攻队员可以自由配合。

**提高训练主题（6）**

| 进攻 | 防守 |
|---|---|
| 墙式配合 | 在人数劣势下 |
| 交叉跑 | |
| 后套上 | |
| 交换球 | |

**练习的变化/调整**

有利于进攻的变化
- 防守队员只能在进攻队员控球后才可以开始防守
- 守门员发地面球开始练习
- 防守队员不能铲球
- 防守队员仅可以在罚球区外防守

有利于防守的变化
- 时间限制：在控球后10秒钟内必须完成进攻
- 第二名进攻队员仅能2次触球进行接应/支援
- 必须首先完成特定的配合（如墙式、后套上、交换球）
- 设置2个反击球门；在反击时第二名防守队员也可以参与

**小场地比赛**

**组织**

- 2个球门，相距25m。
- 3组队员，每组2人。

**目标**

- 2对1进攻，另一名防守队员位于门前。
- 第三组队员位于另一个球门等待。
- 在射门得分后，或攻守转换后进攻一方离开场地在球门线等待练习；防守一方开始进攻另一个球门，第3组上前防守。
- 练习时间：6分钟。

**练习变化**

- 进攻队员必须首先进行某个配合（交叉跑加渗透性传球）。
- 时间限制：10秒钟内必须完成进攻。
- 设置中线：第3组可以在中线等待并开始防守。
- 设置中线：在每次进攻结束后，最后一次进攻一方的一名队员可以回追防守至中线，另一名队员先回到底线等待。

**比赛场景　增加压力条件下的2对1**

练习组织同上，但每次进攻必须在10秒钟内完成。

在学习了不同形式的接应及2人配合后，教练员可以增加第二名防守队员以加强防守压力，从而最终过渡到2对2。

## 5 行为转化 比赛场景再现式练习

**比赛场景 2对2**

**练习组织（7）**

练习进展

- 练习组织同上，但是增加第二名防守队员（2对2）。

### 练习的变化/调整

有利于进攻的变化

- 第二名防守队员仅盯防第二名进攻队员（人盯人）
- 当控球队员遇到困难时，他可以将球传给射门后的同伴以保持球权。之后，他与这名队友交换位置，由其队友开始新的进攻
- 防守队员只能在背对本方球门的情况下抢球，被突破后不能回追
- 防守队员得球后，其他进攻队员可以参与防守

有利于防守的变化

- 在反击球门后有2名防守队员。进攻队员接球后，其中一名防守队员可以回追，与2名防守队员一起防守。
- 在守门员发球时，防守队员可以盯防某一名进攻队员，而另一名进攻队员接球并开始进攻
- 在练习的一开始，2名防守队员均站在罚球区前，形成2对1防守
- 守门员可以自由传球，目标是将球传过小球门，进攻队员断球后再开始进攻

## 足球实战训练　比赛是最好的导师

下文是有关2对2的示例。然而，在2对2的场景中，1对1也是一种选择；此外，进攻队员也可以进行配合来攻击对手。

### 比赛场景　边路1对1 + 1对1

比赛场景

练习组织（8）

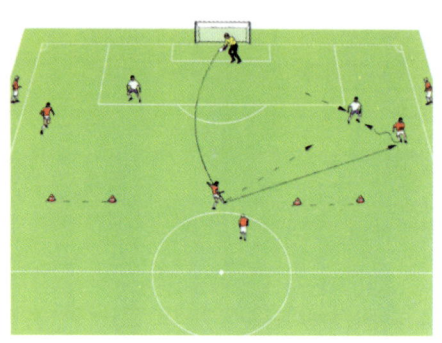

**组织**

- 1个标准球门，1名守门员，2个反击球门2m宽，2个反击球门相距15m，与标准球门相距35m。
- 10名队员，在边路安排1对1，中路安排2对2。
- 防守队员站在2个反击小球门之间。

**目标**

- 守门员发球，中场队员接球后传球给边路的同伴，并开始1对1。
- 进攻队员在每次进攻后，交换练习。
- 如果守门员或防守队员获得球权，他们马上开始反击。中场队员可以接应边路进攻队员。

## 练习的变化/调整

**有利于进攻的变化**

- 防守队员仅能够在进攻队员控好球时才可以防守
- 中场队员可以接应/支援边路队员（2次触球）
- 站在异侧边路的进攻队员可以跑向罚球区，并参与进攻
- 如果边路队员处理球困难，可以将球传给自己的同伴，交换练习

**有利于防守的变化**

- 防守队员可以相互支援
- 中锋不可以支援/接应边路的同伴，只能停留在罚球区附近
- 在边路队员接球后，第二名中后卫可以参与防守
- 中后卫可以在边路参与防守

比赛场景

练习组织（9）

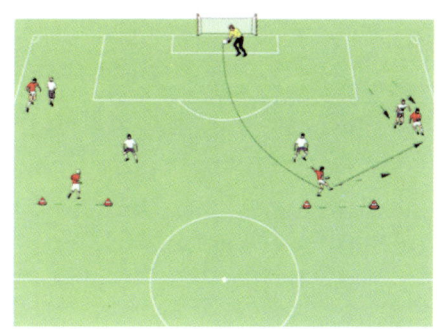

### 组织

- 1个标准球门，1名守门员，2个反击球门（相距30m），与标准球门相距35m。
- 8名队员，分成4组。进攻队员与防守队员成对地站在边路及小球门附近。
- 防守队员位于进攻队员对面。

### 目标

- 边路的防守队员盯防边路的进攻队员，中路的防守队员保持在罚球区前的区域。

- 守门员轮流发球给中场的进攻队员，之后练习即开始。
- 中场队员传球给边路队员，边路队员形成1对1。
- 中场队员可以支援/接应边路队员。
- 如果防守队员断球，他运球反击2个小球门。
- 在反击时，所有队员都要参与。

### 练习的变化/调整

**有利于进攻的变化**

- 只有在进攻队员控好球并面对他时，防守队员才可以开始防守
- 防守一方的中场队员仅能够在罚球区外防守
- 第二名中场队员也可以参与进攻
- 如果可能丢球，边路队员也可以将球转移至另一侧边路

**有利于防守的变化**

- 防守一方远端的中场队员可以参与防守
- 进攻一方的中场队员仅能2次触球
- 进攻一方的中场队员必须完成特定的配合
- 防守队员可以一起防守，但是进攻队员必须待在自己的位置

## 5 行为转化 比赛场景再现式练习

**比赛场景  中路1对1 +1对1**

**比赛场景**

**练习组织（10）**

**组织**
- 1个标准球门，1名守门员；1个小球门3m宽，摆放与底线垂直的角度上，并与球门相距35m。
- 8名队员，分成3组1对1，另有2名队员在小球门后。

**目标**
- 1名前锋与1名后卫在罚球区内形成1对1。
- 防守型前卫首先站在罚球区前。
- 在接到小球门后的同伴的传球后，1名前卫队员开始向球门发起进攻，并与罚球区内的前锋进行配合。
- 如果后卫获得球权，他们进攻小球门。
- 小球门后的2名前卫可以参与防守。
- 在每次进攻结束后，前卫队员与小球门后的前卫队员交换练习。

**练习的调整/变化**

有利于进攻的变化

- 防守一方前卫仅可以在前卫队员控好球之后再开始防守
- 进攻一方的前卫可以将球传给另一名前卫，以改变进攻点
- 前锋可以将球传给第二名前卫，以改变进攻点
- 如果进攻一方的前卫队员遇到困难，可以将球传给身后位于小球门后的队友，并交换练习

有利于防守的变化

- 防守一方的前卫可以在进攻一方的前卫接球前即进行盯防
- 第二名防守一方的前卫可以参与抢球
- 在接到球后，中场的进攻队员必须首先将球传给前锋
- 小球门后面可以安排1名防守队员，在进攻开始后，他可以回追参与防守

**2对1练习进展的小场地比赛**

**组织**

- 队员分为2组，每组4人。每队有2名队员在球门两侧，1名队员在场内进行1对1，另一名站在球门前。
- 2个球门相距25m。

**目标**

- 在进攻结束后，位于进攻球门一侧的队员运球突破防守队员，其同伴轮转至球门前。
- 运球队员和防守队员回到自己的球门。
- 第三名进攻方的队员进入练习，开始2对1。
- 练习时间：8~10分钟。

**练习变化**

- 在开始进攻前，要求队员必须进行特定的配合或运球。
- 在遇到困难时，控球人可以将球传给本方位于球门前的队友，并交换练习。
- 支援/接应队员仅可以2次触球。
- 第3名进攻队员可以离开球门进行支援，但仅可以1次触球。

## 2对2练习进展的小场地比赛

**练习进展**

- 在场地内进行2对2。
- 在进球后，2名进攻队员继续留在场内转换为防守队员；位于球门内的防守队员以及另一名防守队员开始进攻，刚刚参与防守的队员退至球门后。

**练习变化**

- 无球的进攻队员仅可以2次触球。
- 时间限制：必须在10秒钟结束进攻。
- 球门前的队员可以出来支援场内的同伴。
- 如果进攻遇到困难，控球队员可以将球传给身后位于球门前的同伴。

控球队员在进攻时面对更多的防守队员与之前的2对2相比更为困难。在训练时，首先要提高队员的进攻能力，之后再提高他们的防守能力。其原因在于所有的技术都应该能够成功地执行。因此，遵循从简单到复杂的原则，在进行1对2之前要先让队员掌握1+1对2的进攻技能，之后再进展至无限制的2对2。

### 比赛场景 中路1对2

**比赛场景**

**场景图示**

**与比赛场景有关的练习**

水平：简单的提高1对2能力练习；年龄为14岁以上

**练习组织（11）**

**组织**

- 1个标准球门，1名守门员，2名防守队员对1名进攻队员，另有1名进攻队员位于球门后等待练习。
- 在离球场中线10m的地方放置2个2m×4m的小球门。
- 在2个小球门附近分别安排1名前卫与1名防守队员。

### 5 行为转化 比赛场景再现式练习

**目标**

- 前卫传球给前锋，之后跟进，最终完成射门。
- 防守队员要防守跟进的前卫。
- 如果防守队员断球，反击2个小球门。
- 两侧的前卫轮流进行练习。
- 前锋可以回传球给位于另一个小球门附近的前卫，开始一次新的进攻。

**提高训练主题**

| 进攻 | 防守 |
|---|---|
| 运球 | 盯人/保护 |
| 支援/接应 | 夹抢/抢球 |

**练习的变化/调整**

有利于进攻的变化

- 只有在前锋接到球后，另一名后卫才可以参与防守
- 不防守中场队员
- 防守队员不能铲球
- 另一侧的前卫也可以参与进攻

有利于防守的变化

- 进攻一方的前卫仅可以2次触球
- 前锋不能回传球，必须自己进行1对2进攻
- 防守一方的前卫也可以抢控球队员的球
- 第一次传给前锋的球必须是空中球

### 提高1对2技能的小场地比赛

**组织**

- 2个标准球门，各有1名守门员，两球门相距40m。设置中场线。

- 队员分成2组，双方的人员安排如下：在对方半场球门前安排1名前锋，2名前卫位于本方半场的边路，2名后卫位于本方球门前。

**目标**

- 在接到前卫的球后，前锋进行1对2。
- 前锋可以回传球给本方的前卫，并与其交换练习。
- 如果防守一方获得球权，传球给本方前卫，再由前卫传球给前锋，进行1对2。
- 每一次进攻结束后，由守门员发球给本方边前卫开始练习。
- 练习时间：10分钟。

**练习变化**

- 在球传给进攻队员后，防守队员从球旁出发。
- 异侧的前卫可以保护空间，以防止对方将球传给他们的前锋。
- 时间限制：必须在15秒钟内完成进攻。
- 前卫可以支援，但必须在自己中线之后。

5 行为转化 比赛场景再现式练习

## 比赛场景 2对2

2对2配合
- 中路2对2
- 边路2对2
- 中场2对2

### 5.2.2 比赛场景 2对2 中路突破

**比赛场景**  **场景图示**

**与比赛场景有关的练习**

水平：简单的提高2对2技能练习；年龄为12岁以上

103

足球实战训练　比赛是最好的导师

**练习组织（12）**

**组织**

• 1个标准球门，1名守门员；中场放置2个2m×5m的小球门。

• 12名队员分成3组，每组4人（2对2），一组队员在标准球门前，另两组在2个小球门前。

**目标**

• 位于中线反击球门的队员将球传给中路的2名进攻队员，形成2对2进攻标准球门。

• 如果防守队员获得球权，他们将球传给2个小球门前任一组，开始反击。

**提高训练主题（12）**

| 进攻 | 防守 |
| --- | --- |
| 支援/接应 | 盯人 |
| 创造/利用空间 | 转换 |
| 完成进攻 | |
| 转换 | |

104

5 行为转化 比赛场景再现式练习

**练习的变化/调整**

有利于进攻的变化

- 只有在前锋控球后，防守队员才可以开始抢球
- 传球给前锋的前卫队员在传球后可以参与进攻
- 控球队员可以将球传给另一个小球门附近的队友，并由他开始进攻
- 防守队员不可以铲球

有利于防守的变化

- 位于另一个球门附近的防守队员可以在进攻队员控球后参与防守
- 进攻队员必须进行特定的配合
- 第一次给前锋的传球必须是高空球
- 中场队员在开始向前传球之前，防守一方的前卫即可开始防守，阻止向前传球

**提高2对2配合能力的小场地比赛**

**组织**

- 设2个球门，相距25m。
- 队员分成2组，每组6人，球门后设4人，另2名队员在场内进行2对2。
- 每队各设1名守门员。

**目标**

- 每队各设1名守门员。
- 2对2。
- 在完成进攻后，防守一方退出场地，而他们的同伴开始下一次进攻。之前的进攻一方开始防守（转换）。
- 练习时间：6~8分钟。

**练习变化**

- 在射门之前，必须完成特定的进攻配合。
- 在完成进攻后，参与练习的双方同时离开场地，另两组队员进入场地开始练习。
- 时间限制：从上一次射门起始10秒内必须完成下一次射门。
- 守门员可以参与攻守。

### 比赛场景 边路2对2

比赛场景

场景图示

**与比赛场景有关的练习**

水平：简单的提高2对2能力练习；年龄为12岁以上

**练习组织（13）**

组织

- 2个标准球门，各设1名守门员，2个球门相距35m。
- 2名进攻队员与1名防守队员在边路，1名前锋和2名后卫位于罚球区前。
- 在对方球门前，设1名防守队员。

## 5 行为转化 比赛场景再现式练习

**目标**

- 在接到守门员的传球后,边路队员开始进攻,形成2对2,目标是突破并传中。
- 防守一方位于对方球门前的队员可以移动至边路参与防守。
- 在每一次完成进攻后,由守门员发球至另一侧继续下一次练习。

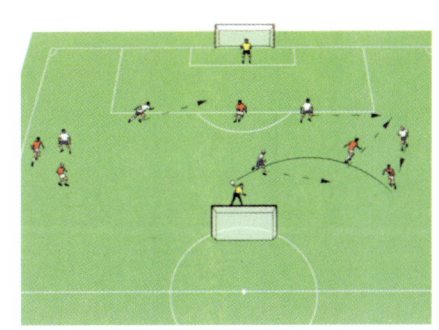

### 提高训练主题(13)

| 进攻 | 防守 |
| --- | --- |
| 支援/接应 | 防守 |
| 传中 | 夹抢 |
| 转换 | |

**练习的变化/调整**

有利于进攻的变化
- 防守一方位于对方球门前的队员不可以参与防守
- 如果有必要,边路队员可以将球转移至另一侧
- 位于对方罚球区前的中锋可以接应边路队员
- 位于异侧的边路队员可以进入罚球区射门得分

有利于防守的变化
- 防守一方位于对方球门前的队员可以回到本方球门前防守
- 异侧的防守队员可以移动至中路本方球门前参与防守
- 有越位规则限制
- 在射门前,进攻一方必须完成特定的配合

### 提高边路2对2能力的小场地比赛

**组织**

- 2个标准球门相距32m(两个罚球区)。
- 将场地分成3部分(如图)。
- 队员分成2组,设2名守门员,在每一侧的边路进行2对2,在中路各安排1名前锋队员。

**目标**
- 仅在边路2对2进攻。
- 边路传中，射门仅由前锋一人完成。
- 可以利用守门员进行进攻方向的转换。
- 中路的队员仅可以在本方半场进攻，但可以到边路参与防守。
- 边路队员可以跑入本方防守的1/3区域，以防守中路的对手。
- 每次进攻均由守门员发球开始。
- 练习时间：10分钟。

**练习变化**
- 在边路进行2对1；中路的防守队员可以在边路支援本方队员。
- 只有当边路队员在底线传地面球给前锋时，前锋的进球才为有效。
- 小比赛：边路1对1，中路区域的前锋队员可以接应边路队员，同时异侧的边路队员可以进入射门区域得分。
- 在中路区域的射门必须仅一次触球。

**比赛场景　中场区域的2对2**

可以将在中场区域内的2对2忽略，这是由于在进攻组织的过程中，该区域通常有多名接应/支援队员。在这一区域攻防两方都会进入，以期形成人数优势。由于有很多种传球，因此，在这一区域要避免1对1。通过这种方式可以安排有效的组织进攻，同时也更有效地利用防守一方还未形成的有效防守的这一时间窗口。

因此，在中场区域应更多地采用下文中讲到的3对3练习模式。

## 比赛场景　3对3

**3对3练习**
**三角配合——"第三人"**

- 中路突破。
- 在中场组织进攻。
- 在中场发起反击。
- 边路进攻。

在3对3的场景中，由于存在"第三人"，他的行动存在机动性，因此可能会出现突然将球转移至另一个进攻方向的情况。当2名进攻队员在一起配合时，他们之间的传球会迫使防守队员更多地关注进攻可能会发展到的方向与空间。防守队员会移动并靠近有球区域。这种情况下，就会在其他区域为"第三人"的参与创造空间。因此，3对3的练习是以2对2为基础的。3对3的配合有以下战术目的：为避免失误而进行有目的的转移进攻点；为更快速地创造射门机会争取时间和空间，突破某名延缓进攻的防守队员。近来，关于3名队员之间快速短传的配合，一般称为"三角配合"。"第三人"的行为，取决于当时的比赛场景并与其他队员的行为有关。

### 5.2.3 比赛场景 3对3 中路突破

比赛场景

场景图示

**与比赛场景有关的练习**

水平：简单的3对3中路突破练习；年龄为12岁以上

**练习组织（14）**

**组织**

- 1个标准球门，1名守门员，2个4m宽的反击球门；反击球门位于边线内10m，与底线相距35m；场地内设置中场线。
- 9名队员，分成3组。有2组队员在场内进行3对3练习，另有3名进攻队员在反击球门后。

## 5 行为转化　比赛场景再现式练习

### 目标

- 首先1名进攻队员从小球门后运球进入场内，之后进行3对3练习，进攻一方的目标是射门得分。
- 和控球队员最近的1名进攻队员回到小球门后，与控球队员交换练习（比赛中：保护/平衡进攻）。
- 仅在中线之后才有越位规则限制。每次进攻结束后（射门得分或死球后），由另一名进攻队员运球从小球门后进入场地，练习重新开始。
- 如果防守队员获得球权，他们对小球门实施反击。之后进攻与防守队员交换练习。

### 提高训练主题（14）

| 进攻 | 防守 |
| --- | --- |
| 支援/接应 | 盯人及交换防守 |
| 创造空间 | 利用越位规则 |
| 机动性 | |

### 练习的变化/调整

**有利于进攻的变化**
- 无越位规则
- 防守队员仅可以在进攻队员第一次触球后开始防守
- 在第一次传球后，练习区域外面的进攻队员不可以与练习区域内的进攻队员再进行位置交换，但可以在进攻队员的身后通过支援/接应的方式参与进攻组织
- 进攻队员可以在任何时间回传球给小球门的队员，之后场内回传球的队员与小球门后的队员交换练习

**有利于防守的变化**
- 一旦开始后，练习区域外面的进攻队员不可以与练习区域内的进攻队员再进行位置交换
- 必须采用地面球进攻的方式
- 防守队员可以离开球门，与防守队员协同行动
- 在小球门后可以安排1名防守队员，在进攻队员接到第一传球后可回追参与防守

111

**提高3对3进攻阶段结束的小场地比赛**

**组织**

- 在20m×30m的场地上设置中场，2名中立的守门员。
- 队员分成2组，每组5名；在一侧半场形成2对2，在另一半场开始1对1，另有1名边路队员安排在边线外。

**目标**

- 在一侧半场进行2对2，目标是将球传给另一个半场的目标队员，并由他完成射门。
- 在一侧半场进行2对2的场内队员可以传球给边路队员，但传球后，边路队员进入场内进攻，传球队员回到边路。
- 边路队员可以在相应的半场内接应。
- 在一侧半场进行2对2的场内队员，至少与边路队员交换一次传球后才可以将球传给前锋，前锋只能1对1完成射门。
- 当对手将球传入本方后场之后，一名防守队员可以回位参与防守。
- 将球从后场传给前锋的队员可以进入前场，形成前场的2对2。
- 射门一方的球队继续控球开始下一次进攻（无论射门后得分与否）。
- 练习时间：8～10分钟。

**练习变化**

- 无守门员，后场的防守队员承担守门员的职责。
- 两队的边路队员在边路形成1对1。
- 在支援/接应的进攻队员跑过中线协助前锋进攻后，仅可以与前锋配合一次；否则，球权由防守一方获得。
- 2名后场进攻队员中的一名可以进入前场协助进攻。

5 行为转化 比赛场景再现式练习

### 比赛场景　3对3中场进攻组织

比赛场景

场景图示

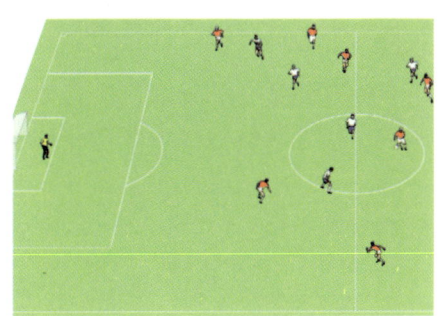

**与比赛场景有关的练习**

水平：简单的3对3中场进攻组织练习；年龄为12岁以上

**练习组织（15）**

**组织**

- 1个标准球门，1名守门员；2个3m宽的反击小球门，与底线相距40m，与边线相距10m。
- 在罚球区内1对1。
- 在中场进行3对3；另有3名进攻队员在小球门后。

足球实战训练　比赛是最好的导师

**目标**

- 在中场进行3对3；只有球传给罚球区内的前锋之后，才可以继续完成射门。
- 前锋仅可以在罚球区内活动。
- 如果防守一方获得球权，他们反击2个小球门。
- 在每次射门得分后，换其他队员进行练习（防守队员与进攻队员轮流交换练习）。

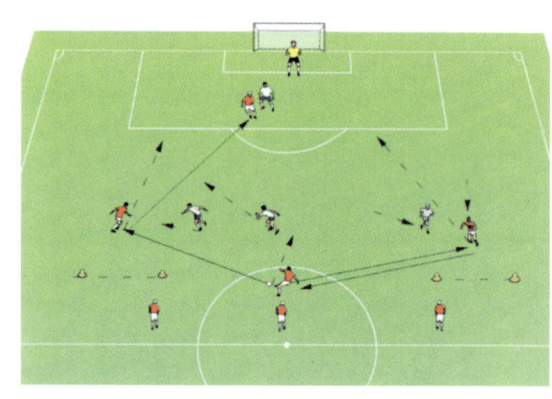

**提高训练主题（15）**

| 进攻 | 防守 |
| --- | --- |
| 支援/接应 | 延缓 |
| 传球 | 整体移动 |
| 运球 | 交流/呼应 |

**练习的变化/调整**

有利于进攻的变化

- 罚球区内的队员无盯防，仅可以2次触球
- 如果组织进攻遇到困难，进攻队员可以将球回传给小球门后的队员，但不交换位置
- 进攻队员可以将球回传给小球门后的队员，并交换练习
- 进攻一方可以在罚球区外射门得分

有利于防守的变化

- 进攻一方必须传地面球
- 在30秒钟之内必须完成射门
- 罚球区内的防守队员可以离开罚球区进行防守
- 中场的防守队员可以进入罚球区支援罚球区内的后卫

5 行为转化 比赛场景再现式练习

**提高中场进攻组织的3对3小场地比赛**
**组织**
- 20m×30m场地，设置中线，2个球门。
- 队员分成2组，每组6名，其中包括1名守门员，2名位于对方角球区的队员，以及3名在场内练习的队员。

**目标**
- 在场地内进行3对3，保持球权。
- 将球传给角球区的队员与其交换练习。
- 只有在将球传给角球区域的队员并与其交换位置后，射门得分方为有效。
- 在任一半场内传球5次以上也可得分。
- 练习时间：6~8分钟。

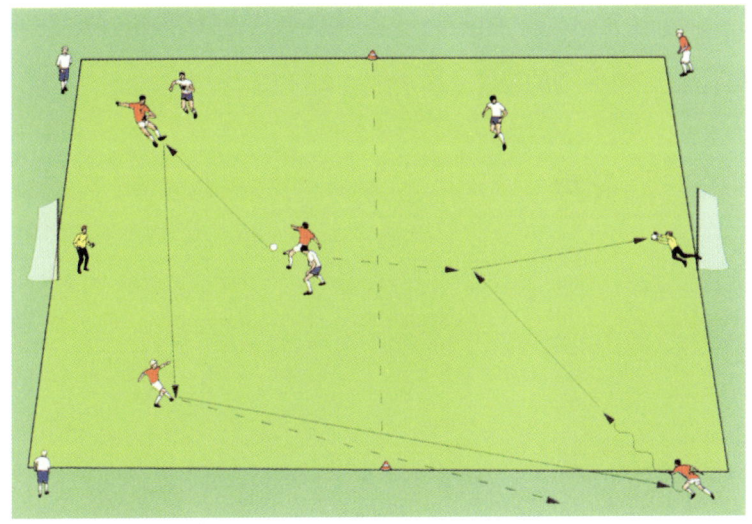

**练习变化**
- 无球门，无守门员或射门，目标仅仅是保持球权。
- 将球传给另一个区域内的场外队员即得1分。
- 仅可以传地面球。
- 场外的队员可以沿底线或他所位于的半场的边线移动接球。
- 无射门，场外队员可以相互传球。

115

## 比赛场景　3对3突破中场的反击

**比赛场景**

**场景图示**

**与比赛场景有关的练习**

水平：简单的3对3提高突破中场的反击；年龄为14岁以上

**练习组织（16）**

**组织**

- 2个标准球门，相距40m，各设1名守门员。
- 队员分成4组，每组3名；在场内进行3对3，另2组队员位于球门后等待。

5 行为转化 比赛场景再现式练习

### 目标

- 3名防守队员对1名进攻队员形成3对1。其他进攻队员在球门附近等候练习。
- 在射门后，守门员立即发球给3名进攻队员，他们对另一个球门实施反击。
- 在进球后，3名防守队员中在3对1时得分的组，马上转入防守下一组在球队附近等候练习的进攻组。

### 提高训练主题（16）

| 进攻 | 防守 |
|---|---|
| 支援/接应 | 延缓 |
| 完成进攻 | |

### 练习的变化/调整

**有利于进攻的变化**

- 在反击球门前设一个11m的半圆，防守队员必须在这个半圆区域内完成进攻
- 只有2名防守队员参与对方反击时的防守（3对2）
- 只有防守一方射门得分后才可以交换练习
- 不可以铲球

**有利于防守的变化**

- 设置中线，过了中线后有越位规则限制
- 传球必须为地面球
- 时间限制：在接到守门员的发球后，进攻一方必须在15秒钟内完成射门
- 在守门员发球后，1名防守队员从球门后出发，回追参与防守

**提高3对3突破中场的反击的练习**

**组织**

- 20m×30m场地，2个标准球门，2名中立的守门员，设置中线。
- 队员分成3组，每组3名。

**目标**

- 在某一侧的半场内进行3对3。第3组队员在另一底线等待。
- 在射门或失去球权后，立即对另一个球门进行反击。
- 在失去球权后，进攻一方马上在前场进行防守，防止对方的反击。
- 只要球传过中线，另一组队员即可以上前进行防守。
- 之前进行练习的进攻队员到另一个球门后等待。
- 练习时间：8～10分钟。

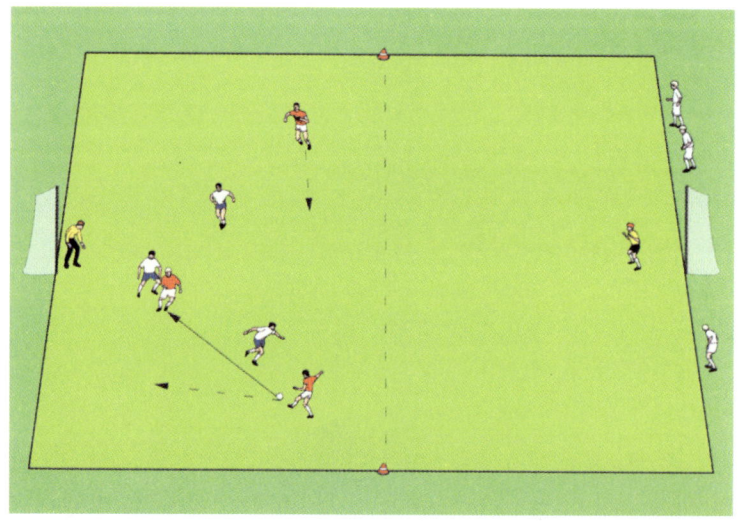

**练习变化**

- 无守门员，3名防守队员中的1名位于球门前，形成3对2。
- 时间限制：在获得球权后8秒钟内必须完成射门。
- 进攻得分的球队，可以继续控球并进攻另一个球门。同时，之前防守他们的一方马上进行防守，防止他们通过中线。
- 在两侧边线各安排1名中立队员，他们仅参与进攻。

## 5 行为转化 比赛场景再现式练习

### 比赛场景　边路3对3

**比赛场景**

**场景图示**

**与比赛场景有关的练习**

水平：简单的提高边路3对3能力的练习；年龄为14岁以上

**练习组织（17）**

**组织**

- 1个标准球门，1名守门员；2个反击目标线，各10m宽，与底线相距35m，与边线相距5m。

- 在每一侧边路进行2对2，1名中锋与1名中后卫在罚球区前形成1对1，1名进攻型前卫与1名防守型前卫在反击线之间形成1对1；在中圈放置20个足球。

**足球实战训练　比赛是最好的导师**

**目标**

- 队员在两侧边路轮流练习，进攻目标是突破传中，并由前锋完成射门。
- 中锋可以在边路进攻时参与支援/接应。
- 在每次射门结束后，另一侧的中前卫传球开始下一次练习。
- 中间的前卫可以在身后接应边路的进攻。
- 如果防守一方获得球权，他们对2个目标线进行反击。
- 当球传过目标线并由防守型前卫接到后得一分。

**提高训练主题（17）**

| 进攻 | 防守 |
|---|---|
| 运球 | 盯人/保护 |
| 支援/接应 | 传中 |

**练习的变化/调整**

有利于进攻的变化

- 在罚球区内不能防守，中锋得球后必须在2次触球内射门
- 对方的中后卫仅可以在罚球区内防守
- 边路进攻时，可以将球转移至另一侧
- 在传中时，另一侧的边路队员可以进入罚球区接应并射门

有利于防守的变化

- 边路队员只有在完成特定的配合后才可以突破
- 边路和中路的防守队员可以移动至有球一侧，协助防守
- 中锋仅可以1次触球
- 中锋仅可以2次触球

**提高边路3对3的小场地比赛**

**组织**

- 45m×30m场地划分为3个15m×30m的区域；在中间区域内的两端放置2个大球门，各设1名守门员。
- 队员分成2组，每组6名。队员在两侧区域形成2对2，在中间区域的2个球门前各形成1对1。

**目标**

- 6对6比赛，但所有队员仅可以在自己的区域内活动。
- 若边路队员传中，必须仅能1次触球；中间场地的队员允许2次触球。
- 练习时间：10分钟。

**练习变化**

- 得分球队继续控球，并进攻另一个方向。
- 在中路区域不进行2对2，而是进行4对4（异侧边路的队员进入中间区域）。
- 增加选择：将球传至异侧边路以转移进攻方向。
- 无守门员：在中路区域的防守队员同时担任守门员的职责。

足球实战训练　比赛是最好的导师

## 比赛场景　人数优势

- 防守区域内的4对2
- 中场区域内的4对3

　　教练员可以将上文中给出的所有练习进行调整，从而使进攻或防守人数处于优势/劣势。通过这种方式可以增加或减少对于队员能力的要求。有时这种调整是非常重要的。

　　由于球队阵型的安排、战术策略或局部突破，进攻一方经常会形成局部的人数优势，在下文中，我们将会提供这样的练习。很多专家都认为，进攻能力的提高与学习比提高队员的防守能力难度更大。因此，在教学和训练的过程中，应首先着重提高队员的进攻能力。提高防守的成功率，应该成为增加进攻练习的一种手段。因此，本章将重点关注在对方回收深度防守的情况下，进攻一方在中场组织进攻中如何利用人数优势。为了安全快速地达到射门区域，进攻一方的后卫经常会进入中场参与进攻。

　　我们将以4对2（防守）和4对3（中场）作为例子进行示范。教练员可以根据这两个例子进行人数上的调整。例如，由于采用不同的阵型（4-4-2或3-5-2）时中场的人数不同，教练员可以根据这些来调整练习人数。

# 5　行为转化　比赛场景再现式练习

## 5.2.4　比赛场景　防守区域内的4对2

**比赛场景**　　　　　　　　　　　　**场景图示**

**与比赛场景有关的练习**

水平：简单的在防守区域内4对2练习；年龄为12岁以上

**练习组织（18）**

**组织**

- 40m×60m场地，2个标准球门，2名守门员。
- 4名后卫对2名前锋在一侧半场活动；在另一个半场进行1对1。

## 足球实战训练　比赛是最好的导师

**目标**

- 在接到守门员的传球后，4名后卫组织进攻。
- 只有在将球传过中线并由本方前锋接到球后，防守队员才可以跑过中线参与进攻。
- 如果对方获得球权（2前锋），他们可以进攻射门。
- 每次进攻都由守门员发球给后卫开始。

### 提高训练主题（18）

| 进攻 | 防守 |
|---|---|
| 支援/接应 | 延缓 |
| 传球 | |
| 控球 | |

**练习的变化/调整**

有利于进攻的变化

- 在另一侧半场进行1对2或2对2，而不是进行1对1
- 前锋只能够在自己的区域内延缓对手或抢球
- 扩大场地区域至两个边线
- 守门员可以直接传球给前锋

有利于防守的变化

- 在后场进行4对3
- 对方守门员发球给2名前锋之后练习开始
- 必须传地面球
- 3名后卫对2名前锋

## 提高人数优势下进攻能力的小场地比赛

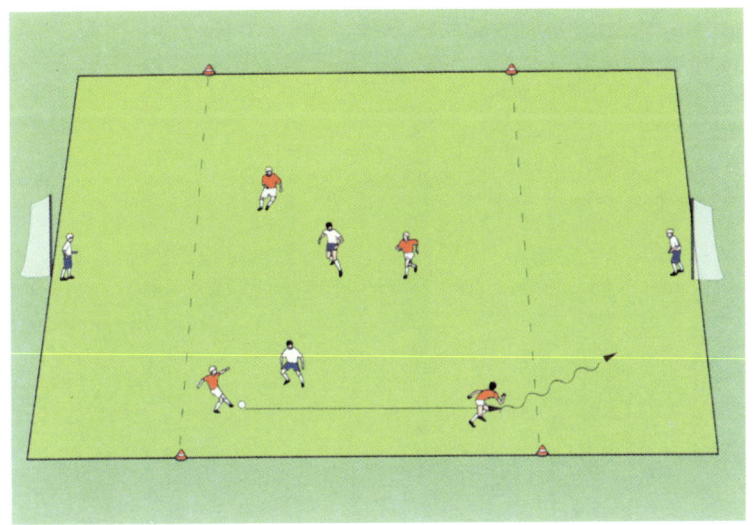

### 组织
- 2个球门,相距40m,2名守门员。
- 20m×30m场地。
- 队员分成2组,每组4名。

### 目标
- 在两条线之间进行4对2。
- 控球队员只有在运球过线后,才可以射门。
- 在射门得分后,进攻另一个方向。
- 如果防守队员或守门员获得球权,两队交换练习。
- 练习时间:8分钟。

### 练习变化
- 站在球门前的队员可以在线上防守。
- 必须将球传过线才可以进行射门。
- 所有的传球必须是地面球。
- 时间规则:控球一方必须在15秒之内将球传过线,并完成射门。

### 5.2.5 比赛场景 中场4对3

比赛场景

场景图示

**与比赛场景有关的练习**

水平：简单的4对3中场练习；年龄为13岁以上

场景图示

**练习组织（19）**

**组织**

- 1个标准球门，1名守门员。在中线上设2个3m宽的小球门，与边线相距10m。
- 在离底线20m的地方设置一条中线，将场地分成前场和中场。
- 在中场区域进行4对3，在前锋区域进行1对2。

## 5 行为转化 比赛场景再现式练习

### 目标

- 在中场进行4对3进攻组织,并寻找将球传给前锋的机会,前锋得球后完成进攻。
- 前锋仅可以在前场活动,而防守队员可以进入中场协助防守。
- 在球传给前锋后,前卫队员可以进入进攻区域与前锋一起完成进攻。
- 进攻结束后,守门员发球给前锋,之后练习重新开始。
- 如果防守队员获得球权,他们反击小球门。

### 提高训练主题(19)

| 进攻 | 防守 |
|---|---|
| 支援/接应 | 延缓 |
| 运球 | |

### 练习的变化/调整

**有利于进攻的变化**
- 中场队员在控球后可以运球进入进攻区域并射门
- 在两侧边线增加2个2m宽的小球门,2个小球门与底线相距25m,进攻一方传球过这2个小球门也算得分
- 与前锋1对2的防守队员不能进入中场进行防守
- 在罚球区内安排2名前锋对2名后卫

**有利于防守的变化**
- 在特定的时间限制内,中场队员必须传球给前锋
- 限制队员在中场区域的触球次数
- 在中场区域内的防守队员可以进入球门前的区域进行防守
- 进攻队员必须传地面球

**提高人数优势下进攻组织的小场地比赛**

**组织**

- 20m×30m场地，2个标准球门，设置中线。
- 队员分成2组，每组5名。

**目标**

- 在场内进行5对5。
- 防守一方2名队员至球门处承担守门员的职责，因此在场内实际进行的是5对3。
- 进攻一方可以对2个球门中的任何一个进行射门，如果得分他们则继续控球。
- 在得分后或变换球权后，队员必须将球传过中线一次后才可以再次射门。
- 如果防守一方得球，之前在球门前的2名队友进入场内开始参与进攻；之前进攻的球队马上转入防守，并分配2名队友承担守门员的职责。
- 练习时间：6~10秒钟。

**练习变化**

- 守门员可以在本方半场内自由防守（5对4）。
- 必须传地面球。
- 必须2次触球。
- 安排2名守门员，在场内进行5对5比赛。

# 6 守门员 胜负的关键

## 6.1 概述

### 规则与要求

在足球比赛中，针对守门员设有特殊的规则。这些规则与他在罚球区内的行为有关。在罚球区内，守门员可以用手处理球。此外，在6码区内（球门区）其他队员不得与守门员进行身体冲撞。

很多守门员由于动作太多而失去了本来良好的选位。

在这些规则的框架下，守门员需要提高基本的扑救技术以完成其特定的技战术任务。此外，受规则所限，守门员也必须具备场上其他队员所拥有的用脚处理球的能力。这些规则包括（1）守门员不可以在本方罚球区内用手接同伴故意传回来的球（但可以使用身体其他部位）。（2）在本方罚球区外，守门员要遵循和其他场上队员一样的规则。这就意味着守门员需要具备用脚控球和传球的能力，同时也要有对于比赛的战术理解力。他必须对场上目前的形势进行预判，并用脚指导队友的跑位，将球传至有利于进攻的位置。

此外，守门员需要提高其基本的身体素质。例如，为保持整场比赛的注意力所需要的有氧能力、跳跃时所需要的肌肉力量、执行扑球和短距离活动所需要的爆发力。为了赢得比赛的胜利，守门员需要高水平的协调能力（灵敏与柔韧）。

鉴于守门员主要的活动区域是在罚球区内，一般情况下其活动量比较少，针对他的训练必须更专项化。此外，也需要安排守门员与其他场上队员协同训练，或将其作为场上队员进行训练。

教练员在对守门员长期技能学习与提高的培训过程中，特别是在培养年轻守门员时，有些方面是必须加以考虑的。少儿守门员必须在不戴手套的情况学习接球、拳击球、扑球。采用这种方式可以更高效地提高他的手感。在非洲与南美的一些贫穷国家，很多青少年是在不穿鞋的情况下踢球，这也从一个侧面证明了上述观点。尽管这些孩子在青少年时期缺乏系统的训练，但他们中的大部分人都展现了出色的脚下功夫。

### 专项与生理要求

在11～12岁之前，教练员不应让队员过早地确定守门员这一位置。在这一年龄段之前，所有的孩子都可以尝试守门员这一位置。几乎所有的孩子都喜欢在训练和比赛中担任守门员这一角色。教练员也很难确定这个年龄段中哪个孩子在日后成为称职的守门员。经验告诉我们，青少年在决定自己是否成为守门员时很少或基本不会考虑外部因素，甚至也不会考虑自己的身体是否符合守门员这一位置的需求。并且，他们也不会过早地把自己定位于守门员这一专项位置上。

关于"应该发展守门员场上技术"这一原则的另一个原因在于，通过与其他场上队员一起练习，可以提高他们的一般协调性。青少年一般从10岁之前就已经开始进行足球训练和比赛，通过这些练习可以提高队员的一般协调性，有氧与无氧耐力。在足球比赛中，场上队员必须完成跑、跳、踢等动作。守门员必须观察其他队员的活动。他的职责和位置决定了他必须站着并等待球。

当守门员与对方控球队员1对1的时候，守门员必须保持选位的平衡，可以使自己对对方任何一侧的行动做出反应；如果出现机会，还可以直接扑住球。如果对方准备运球过人或射门，守门员必须跃起、扑球或将球击打开，从而使对方失去对球的控制。这需要高度的勇气和冒险精神

守门员需要良好的灵敏和柔韧素质，这是完成专项技术的基本条件。灵敏性和柔韧性取决于上下肢、躯干肌肉的发育。

因此，守门员训练应遵循以下原则：

- 在青春期开始前，特别是在开始足球专业之路前，所有的孩子都应该学习基本的足球动作与技能，从而提高他们的灵敏与柔软素质。
- 守门员应该像其他场上队员一样进行足球专项技能练习。
- 应由运动员自己决定是否成为一名守门员。
- 在运动员自己决定成为一名守门员之后，再开始进行守门员专项练习。但是，在9~10岁之前不要进行守门员专项练习。在守门员进行专项练习的最初阶段，应该采用游戏的方式学习接球、扑球等技术。通过这些练习可以提高协调性，为日后其他专项技术的学习建立基础。
- 守门员应该像场上其他队员一样进行比赛，从而提高他们的耐力和比赛经验。

### 训练与比赛要求

在训练上，教练员应关注守门员的技能提高以及与比赛需求有关的行为。守门员需要具备一定的有氧耐力，以在整场比赛中保持良好的注意力。与场上其他队员不同，守门员不需要力量耐力和速度耐力，但是他需要绝对力量和爆发力。尽管有时守门员要在短时间内连续完成几个动作，但一个扑球动作可能仅需要花费几秒钟的时间。此外，守门员在完成这些爆发力动作后，在进行下一次爆发性动作前往往都有足够长的时间进行恢复。这些活动特征是与场上队员完全不同的。两次爆发性活动之间的充足时间，保证了守门员能量的再合成。

基于以上考虑，守门员的训练应该依据与比赛相似的情况进行安排，也就是，在短时高强度活动后安排守门员足够的恢复时间。在比赛中，守门员不必像其他场上队员那样在没有充分恢复的情况下不断地跳和跑。对于场上队员来讲，他们需要一定的力量耐力水平。但对于守门员来讲，跳得尽可能高，每次扑球动作更快，快速出击则更为重要。这些动作需要爆发力，而爆发力是力量与速度的结合。在进行肌肉耐力训练时，通常要求运动员在完成一系列动作后，在未完全恢复的情况下再进行下一组练习。而爆发性活动则是最高强度的活动，对于守门员来说，则是全力进行1次或2次动作后即进行充分休息。为了提高这种能力，教练员通常采用重复训练法，即动作以最大强度进行，每组之间有充分的休息时间。换言之，守门员在进行专项训练时不应出现气喘吁吁的情况。

规则允许守门员在获得球后有一定的控球时间，从而可以让同伴离开罚球区，在发球之前组织好队形。从时间上来讲，他可以完全恢复。

为了使练习更符合实际比赛的需要，练习的设计也是非常重要的。在比赛中，几乎不可能出现几名进攻队员连续不断地进行数次射门。练习设计应该是比赛中数种不同任务的组合练习。安排与比赛场景相似的练习，可以提高守门员的专项技能。在进行有些练习时，不需要安排其他队员的参与；但有些时候，特别是在进行与战术相关的练习时，则需要与场上队员一起进行练习。

即使守门员也需要在比赛条件下全面提高各方面的能力。在黄金年龄（最佳学习年龄），守门员要提高自己的技术能力和技术应用能力。之后，则需要进行更为复杂的练习，以提高战术技能。

基于上述这些不同的方面，本章的后面将讨论守门员所需要的技能以及在比赛中如何应用这些技能，并将提供一些练习方案。

守门员的练习经常或多或少是单独进行的。这是由于守门员的位置与任务所决定的。在一些足球教科书或世界各地不同足球队的日常训练中，我们都可以看到这些单独为守门员设计的个人训练。但是，无论练习的形式如何，我们必须明确"守门员是球队中的一员"这一概念。守门员的训练应该与球队在比赛中的攻守形势相联系。守门员的攻守行为几乎都与其他场上队员的行为有关。例如，在门前处理高空球时，是采用拳击球的方式，还是接球的方式，这取决于当时的比赛场景。与此相似，守门员是将球发给边后卫，或是踢凌空球直接传给前锋，也是由当时的比赛场景所决定的。因此，除了进行守门员的个人练习外，安排守门员在典型的防守情况下（包括也有必要的防守队员）进行技战术练习，也是非常重要的。

在守门员训练课中安排其他场上队员共同参与练习，有以下优点：

1. 教练员可以观察并纠正错误。
2. 场上队员可以同时进行专项技术与动作训练。
3. 由于存在攻守转换的要求，守门员会更明确扑救球和保持球权的概念，而非仅将球扑出球门即可。
4. 在获得球权之后，立即进行进攻组织的意识影响了球队如何防守的决策，因此，增加了守门员在不间断比赛过程中的注意力。
5. 为了纠正错误而进行的暂停，可以使守门员马上获得反馈。通过这种形式，守门员可以保持高度注意力，并在每次扑救时都能以全力执行。

在本章的后一部分，我们将为每一种技术或战术主题提供一种练习方式。通过这些练习，教练员将会明白这些练习与比赛场景如何相联系。教练员也可以根据守门员的水平进行改进。

## 6.2 基本技术

守门员的基本技术是那些在足球比赛中经常使用到的、用手处理球的技术。

手接球、扑球几乎是所有青少年在踢球之余喜欢做的事。很多孩子在学校的体育课上也练习过此类技术。这些技术本身也是非常适宜的练习基本协调性的方式。因此，教练员可以让所有队员，包括场上队员进行用手接球的练习，从而巩固和提高他们的灵敏和柔韧素质。队员在跳起、落地、踢球时都需要使用手臂去平衡自己的身体。因此，在开始守门员专项训练前，所有的队员都可以进行简单的手接球和扑球练习。

发球门球和踢凌空球（包括反弹球），也是守门员需要掌握的基本技能。由于踢球和传球技术在前面的章节已经讲述了，本章将不再重复。但是踢凌空球（包括反弹球）是用手和脚并用的一种技术，因此需要进行专门的讨论。

### 手接空中球

**执教要点**

- 手指分开。
- 双手大拇指相对（在球后面）。
- 在球的中线下方对球施压。
- 手臂伸直接球。
- 在头顶接球。
- 在接到球后立即将球向下抱住。

### 练习示例

**组织**

- 设置2个球门,相距30m。
- 每个球门各设1名守门员。
- 8名队员,分成2组,每组1个球。

**目标**

- 1名队员(距离准备练习接球的守门员16m,且站在防守队员前3m)踢空中球给守门员,球要越过防守队员。
- 守门员接球后,手抛球给跑动接球的防守队员,防守队员的目标是突破进攻队员的防守并完成射门。
- 如果守门员未能接到球(球反弹回场内),场内队员继续进行1对1。
- 不断轮换练习。

### 手接腰与胸间的球

**执教要点**

- 双手并拢、掌心向上,手靠近身体。
- 手指分开,让手可以环抱球。
- 身体在球的后方。
- 肘关节靠近身体。
- 就像球进入一个漏斗中一样接球。
- 双脚站稳,若跳起接球则用双脚同时落地。
- 手指对球向内施力。

### 练习示例

**组织**

- 设置1个5m×2m的球门,守门员轮流练习。
- 2个3m的球门(用标志桶摆放),球门离底线25m,与罚球区线平行。
- 8名练习队员,分为2组。其中2组位于球门附近,每人1个球;另两组位于2个小球门之间。

**目标**

- 位于底线的队员向场内队友传地滚球，同伴接球后在一次或两次触球后完成射门。
- 如果守门员接到球，手抛球至场内的2个球门之中的1个。球抛入球门，守门员则得1分。
- 队员在完成射门后，要防止守门员将球手抛过小球门。
- 进行射门的双方以及守门员之间相互比赛。
- 在进行6次射门后，底线队员和场内队员交换位置。

### 扑接中高或高球

**执教要点**

- 快速、小幅度地移动1～2步，用同侧脚发力扑向球。
- 手离球近的手够向球。
- 离球近的手引导身体动作。
- 直接扑向球（直接、最短的路线），击打球改变球的飞行路线。
- 在接触球前，手型保持固定。
- 如果不能用两手接住球，则将球击向侧面。

**练习示例**

**组织**

- 设1个标准球门，在球门区内利用标准球门练习。
- 2个2m宽小球门，放置在罚球区角。
- 8名队员，分为2组。
- 在罚球区内的两侧各安排2名队员，形成1对1；另两组队员站在罚球区线外。

6 守门员 胜负的关键

**目标**
- 1名队员在罚球区外射门，只能2次触球。
- 队员轮流进行练习。
- 如果守门员扑获球，即将球发给非射门一方的队员，队员运球进攻小球门；之后练习从球门区重新开始。
- 如果守门员扑到球，但没有接住，则球门区内的所有队员都可以抢球射门。之后双方交换练习。在射门得分后，得分一方位于球门区外的队员射门，之后练习开始。

## 6.3 特殊技术

守门员特殊技术的使用通常发生在比赛中射门很难处理的情况下，在这种情况下守门员必须使用特殊的方式应用基本技术，它是基本技术的变化与应用。基本技术是这些扑球、接球的技术基础。因此，只有在守门员掌握了基本技术之后，教练员才要考虑特殊技术的训练。

### 扑对手靠近身体的低射
**执教要点**
- 接住直接射向或离身体两侧非常近的球。
- 使用快速的侧滑步，如果时间允许，用身体挡住球。
- 将手臂和手举起，迎球接球。
- 打开手，保持双肘相互靠近。

- 前倾并迎向球，接球后双膝跪下。
- 在身前保护球。

练习示例

组织

- 1个小球门（2m×5m），1名守门员守护1个大球门，2个球门相距40m，在小球门门前16m处设置一条射门线。
- 队员分成2组，每组4名。

目标

- 防守队员先射小球门，要求射低平球。
- 如果守门员接到球，则发球给另一方，双方即开始进行4对4比赛（30秒内必须完成进攻）。
- 在完成射门或进攻超过时间限制后，最后一次射门得分的球队射门，练习即重新开始。
- 如果没有射中球门，射门队员可以再射一次，但另一方得1分。
- 如果守门员没有接到球，球反弹回场内，则随即开始4对4。

扑对手靠近脚的低射

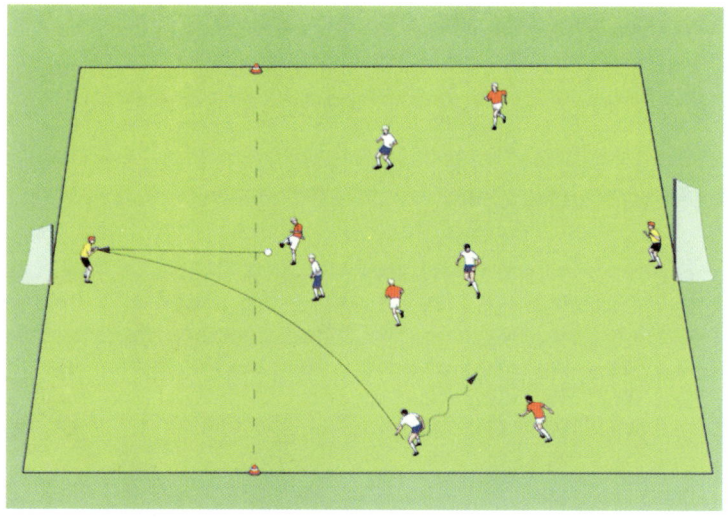

6 守门员 胜负的关键

**执教要点**

- 远侧腿支持，保持身体平衡。
- 将近侧腿伸出踢球。
- 同时近侧手快速向下阻挡射门（以球为导向，用手引领身体）。
- 在接触球之前手保持稳定，另一只手跟过来并按住球。
- 用手将球带向身体，并保护球。

**练习示例**

**组织**

- 设2个球门，2名守门员，2个球门相距30m。
- 在场中间安排1个3m宽、0.5m高的小球门。
- 2条射门线，分别离中间的小球门10m。
- 队员分成2组，每组4名，分别位于两边的大球门，形成2个2对2的练习。

**目标**

- 轮流进行。1名队员首先在射门线上对着小球门射门。
- 如果守门员接到球，则将球发给这一半场的另一方队员。双方在该区域内进行2对2。
- 如果射出的球穿过场地中间的小球门，得1分。之后，另一侧场区内的队员抢球，抢到球的一方可以进攻本场区内的大球门。
- 如果守门员扑到球但没有接住球，则双方抢球并进行2对2。
- 如果防守队员获得球权，他们对场地中间的小球门发起反击。
- 每次得分后，练习重新开始，但由场地另一侧的同伴射门开始练习。

### 改变低平球射门的方向

**执教要点**

- 与球同侧的手快速引导身体的动作。
- 在接球前，与球同侧的手保持固定。
- 快速侧滑步，之后用与球同侧的腿发力起跳。
- 扑向球，起跳腿与扑球手臂呈一条直线。
- 眼睛盯着球。
- 另一只手跟进保护落在地面上的球。

**练习示例**

**组织**

- 设1个标准球门，1名守门员。
- 2个小球门，相距20m，小球门与标准球门相距30m。
- 8名队员，分成3个进攻组和1个防守组。所有队员均位于2小球门线间。

**目标**

- 守门员抛球给进攻队员，2名进攻队员与1名防守队员形成2对1，射门必须用低平球；如果守门员或防守队员得球，进攻队员马上防守，他们目标是防守2个小球门。
- 进攻与防守方在以下情况时轮换（1）防守方成功后进行反击；（2）射门未采用低平球的方式。

## 6 守门员 胜负的关键

### 在虚拟的球门线上扑接地面球

**执教要点**

- 参见扑接地面球。
- 身体移向球，减小射门角度。
- 在想象中的那条球门线上扑挡球。
- 在扑球时眼睛盯住球。
- 固定手腕以接住球或挡开球。
- 快速决策以利用另一只手护住球。

**练习示例**

**组织**

- 设2个标准球门，2名守门员球门相距30m。
- 以门柱为基点向外10m的场地中间放置2个标志盘。
- 队员分成2组，每组4名，在标志盘内的区域进行3对3，另2名队员站在标志盘外的区域。标志盘外的队员控球。

**目标**

- 标志盘外的队员，第一次触球将球带向底线，第二次触球就要完成射门。
- 如果进球，本队的另一名队员可以继续进行上述射门。
- 如果守门员接到球，他将球传给本方队员，即开始进行3对3比赛。如果一方得分，另一方开球，开始比赛。

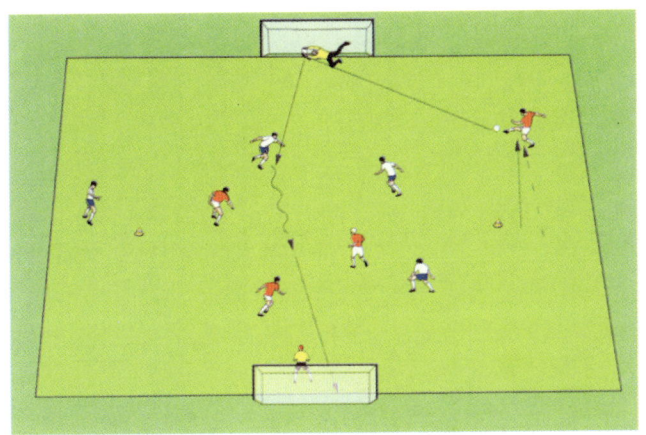

141

### 球变向至角球区域

**执教要点**

- 动作如前所述,附加内容如下:
- 如果球的高度与肩同高,守门员将肩转向球,运用与球不同侧的手扑球。
- 因此,先以与球同侧的手引导身体动作,之后用与球不同侧的手将球打开或托出横梁。
- 眼睛始终盯着球。

**练习示例**

**组织**

- 设2个球门,2名守门员2个球门相距25m。
- 2组队员,每组4人,防守队员并排位于罚球弧内。
- 2名进攻队员位于罚球弧内,另2名进攻队员分别位于罚球区两侧。

**目标**

- 4名防守队员排人墙,他们可以用手挡对手射出的高球。
- 2名位于罚球弧的进攻队员轮流射门,如果守门员接到球,他将球传给防守队员,防守队员转入进攻,形成4对2。
- 如果球进门或偏出,则进攻队员继续射门,如果连续3次射门偏出,则双方队员交换练习。
- 如果守门员扑到球,但球反弹进入场内。进攻队员快速反抢球,并将球传给之前射门的进攻队员,同时防守队员抢球,并准备反击。
- 如果防守队员获得球,则防守队员快速完成4对2射门。
- 如果防守队员将球打进,则双方交换练习。

### 改变高度在横梁水平球的方向

**执教要点**

- 起跳与扑球动作如前所述,附加内容如下:
- 守门员跑向球门线,之后跳起用一只手扑救。
- 眼睛始终盯着球。
- 当球接近横梁时跳起。
- 当球被挡出后,转身面向球门。

**练习示例**

**组织**

- 设2个球门,2名守门员,2个球门相距25m。
- 在罚球区线上的球门朝向底线,另一个球门位于中线,也朝向底线。
- 2组队员,每组4人;其中2名(发球人)分别位于不同的罚球区角,场内队员形成3对3。

**目标**

- 2名发球人轮流发球,将球传向球门横梁位置。
- 守门员扑救高球,将球打向另一块场地;场内队员获得球后,获得球权的一方开始3对3进攻。
- 每次进球后,由另一名发球队员发球开始。
- 如果防守一方或守门员获得球,他们将球传给本方的发球队员,再次开始。
- 如果守门员接到球,则由另一侧的发球队员发球。

### 拳击球

**执教要点**

- 握拳。
- 用拳指击球。
- 将球击高或击出罚球区。
- 将球击打至拳头指向的方向。
- 用离球近的手击球。
- 如果时间来不及，可以用单拳击打球。
- 用双拳将球击打回原来的方向

**练习示例**

**组织**

- 1个标准球门，2个小球门（2m宽）；小球门与标准球门相距30m，一名守门员防守标准球门，另一名守门员位于2个小球门中间。
- 队员分成2组，每组4人；在罚球区外有4名队员，形成2对2；罚球区内形成2对1，还有2名队员位于罚球区外侧。

**目标**

- 罚球区两侧的队员轮流用掷界外球的方式将球掷入场内，场内同伴抢点完成射门。
- 守门员将球击回场地，之后马上进入2对1的比赛状态，进攻一方攻击2个小球门。
- 若防守一方得球，进攻标准球门。
- 进球后，再由另一名罚区外侧的队员掷界外球开始练习。

## 6 守门员 胜负的关键

### 掷界外球
**执教要点**
- 手持球，首先观察场上队员的跑位。
- 用一只手持球。
- 持球手后摆，以增加手抛球的力量。
- 在手臂伸直的情况下掷球。
- 在掷球前，一条腿大步向前跨步。
- 在掷球时，将重心放在某一条支撑腿上。
- 避免球脱手。
- 如果掷近距离球，用手使球转动向前。

**练习示例**
**组织**
- 设2个球门，2名守门员，2个球门相距40m。
- 队员分成2组，每组4名。
- 1个中间人。

**目标**
- 2组队员进行4对4射门。
- 在每次得分后，守门员掷球恢复比赛，进攻一方必须在15秒钟内完成射门。
- 中间人属于进攻一方。

## 6.4 基本战术行为

守门员通过其战术行为达到防止对方进球或获得球权的目的。为了使用特定的基本技术，守门员必须首先选择最好的位置。根据教学法中与比赛相结合的原则，技术能力的提高应以正确的动作为前提。在系统地进行守门员专项训练的第一年，教练员应当教授守门员正确的动作。

守门员应该以球门中间为标志点，并根据球在场地内的位置，以及离球门的距离选择有利的位置。

根据采用与比赛情景相关的练习组织原则，教练员在组织技术练习时首先要强调守门员正确的技术动作。在系统训练的第一年，这方面的训练是练习组织的重点。

6 守门员 胜负的关键

### 缩小射门角度

**执教要点**

- 在向球移动并离开球门的过程中,注意球门线中点的位置。
- 向球移动时,出击动作不要太快,并时刻准备对射向侧面的球做出反应。
- 延缓对手的运球速度。
- 等待对手首先做出动作。
- 出击的距离不要太大,要避免对手将球从头顶传进球门。

**练习示例**

**组织**

- 罚球区设1个标准球门,1名守门员。
- 1个小球门(5m×2m),1名守门员,小球门离标准球门相距25m。
- 队员分成2组,每组4名;4名进攻队员均位于罚球区内,2名防守队员位于罚球区内,另2名防守队员位于罚球区外。

**目标**

- 在罚球区内进行4对2练习。
- 进攻队员射门要突然;如果射门得分,则继续进行。
- 如果防守队员或守门员得球,他们将球传给罚球区外的同伴,进攻小球门。

- 如果反击成功,双方交换练习。
- 如果进攻队员3次射门偏出,双方交换练习。

### 球接近底线时的选位

**执教要点**

- 守门员要沉着，并保持高度注意力。
- 移动时均采用小步幅的方式，眼睛一直盯着球。
- 保护近门柱的角度。
- 在对方将球带向球门线时，快速移向近门柱。
- 参见"缩小射门角度"练习要点。

**练习示例**

**组织**

- 2个标准球门，各设1名守门员；2球门相距40m。
- 队员分成2组，每组4名队员。
- 2名队员分别站在两侧边路；另2名队员站在中路球门区前。

**目标**

- 守门员将球发给边路队员，该队员运球并传球。
- 在边路队员运球时，中路的队员跑向罚球区，准备完成射门或进行2对2防守。
- 每次死球后，另一名守门员发球给另一方边路队员，练习重新开始。
- 如果防守队员获得球，他们将球传给本方的边路队员，由他们向另一个球门运球、传中，完成进攻。

6 守门员 胜负的关键

### 角球时的选位

**执教要点**

- 站在球门中间并向远门柱后撤一步的位置。
- 一只脚位于场内的球门线。
- 面对角球区。
- 观察和组织其他同伴,时刻准备出击。
- 保护近门柱(同样也要注意远门柱),可以安排防守队员站在球门线上。

**练习示例**

**组织**

- 1个标准球门,1名守门员。
- 在与球门相对的35m的位置设置一条目标线。
- 第二名守门员站在球门区6码的外侧。
- 球门前有3名进攻队员,在角球区有1名发球队员,罚球区外有4名队员,形成2对2。

**目标**

- 发球队员将球踢向远门柱(这样,守门员就有机会接到球)。
- 3名罚球区内的进攻队员仅可以采用一次触球方式完成射门。
- 第二名守门员接扑发向近门柱的球(为接远门柱球的守门员创造更多的练习机会)。

如果2名守门员中的任何一人接到球,他将球抛给罚球区外进攻队员,他们的目标是运球过目标线。

- 如果防守一方得球,他们将球传给角球区附近的同伴,由他再次传中。
- 如果反击成功,在下次练习时他们可以继续进攻;否则,他们下一次练习时成为防守队员。

149

### 守门员1对1

**执教要点**

- 从球门线出击时不要太快,逐步靠近控球队员,并随时做好向两侧做出反应的准备。
- 步幅要小,注意观察球的变化。
- 双脚站稳,双手打开,扩大防守面积。
- 时刻准备对对手的突然射门做出反应。
- 延缓对手运球的速度。
- 在离球门线尽可能远的位置靠近对手。
- 判断对手的技术行为(让对手先动)。
- 如果队员带球至某一侧,则快速扑向球或将它打开。
- 如果对手犹豫,马上快速做出动作。
- 双手扑向球,并护球。

**练习示例**

**组织**

- 1个标准球门,2名守门员。
- 2个小球门,每个2m宽,放置在离球门25m远的位置;2个小球门相距20m。
- 6名队员,每人1个球,分别位于球门区左、中、右3个不同的位置。
- 每个小球门边各站1名准备回追的防守队员。

**目标**

- 进攻队员轮流进行练习,分别与守门员进行1对1。
- 进攻队员开始运球向球门后,防守队员回追,以帮助守门员防守。
- 射门结束后,进攻队员回到自己的位置,另一组的队员开始练习。
- 2名守门员轮流进行练习,防守队员也轮流进行练习。
- 如果防守队员或守门员获得球,他们马上进行反击(目标为2个小球门),之后与进攻队员交换练习。

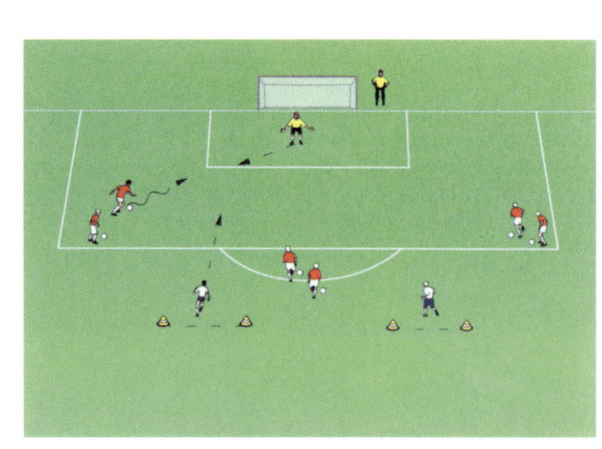

6　守门员　胜负的关键

### 跳起接空中球

**执教要点**

- 向球门外跑。
- 面对来球跑，出击较高的球。
- 直接跑向场上队员可能触球的落地。
- 用离球近的腿起跳。
- 另一条腿用力摆动以增加起跳高度，同时也可以防止对手对自己的冲撞。
- 尽可能在最高点接到球。
- 如果接球太危险的话，用单手或双手将球击出罚球区。
- 双脚落地。

**练习示例**

**组织**

- 2个球门，相距30m；每个球门各设1名守门员。
- 在罚球区的两侧有2名传球队员。
- 罚球区内4名进攻队员，4名防守队员。

**目标**

- 2名传球队员轮流向罚球区内横向长传高球。
- 罚球区内4对4攻防。
- 如果守门员或防守队员获得球权，他们进攻另一个球门。
- 如果进攻队员在罚球区外获得球权，他们必须将球传给边路队员，由他们传中。
- 在10次传中后，双方（包括过门员）交换练习。

### 组织防守

**执教要点**

- 守门员对其他场上队员的指令要简短、清晰。

- 要明确发出指令的对象，叫他的名字。
- 冷静并自信。
- 积极性的语言。
- 不要争论与指责。
- 在控球队员的斜后方支撑接球，如果接球则准备改变进攻方向。
- 面对场内、控好球。
- 在对方进攻线对球的压迫足够大，或对方后卫线位置压上时向前场传长传球、高球。
- 在改变进攻方向时，给同伴传地面球。

**练习示例**

**组织**

- 30m×50m的场地，离底线30m的位置有一条限制线。
- 2个标准球门，各设1名守门员。
- 8名队员，在30m的区域内安排3对2，在另20m区域内安排1对2。

**目标**

- 在30m的区域内保持球权，3对2。
- 在20m区域内的某1名防守队员，可以进入另一个区域抢球并完成射门。
- 守门员既可以传球给本区域的3名队员，也可以长传球给前锋射门。
- 如果防守队员获得球权，他们可以进攻并射门。
- 死球后，另一名守门员将球长传至30m区域，比赛即重新开始。

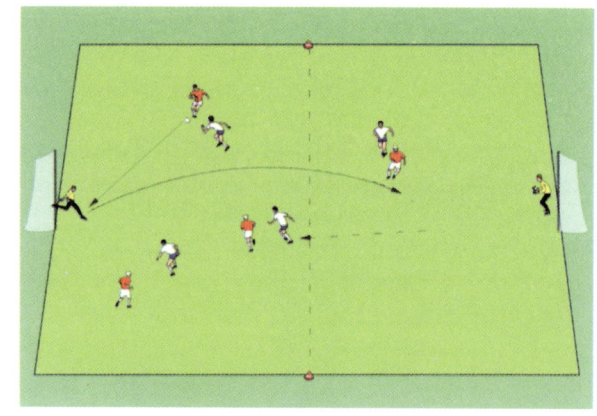

在比赛过程中，与场上其他队员相比，心理因素对于守门员的影响更大，这是由守门员的位置所决定的。在守门员的身后没有其他支援、保护的队友，守门员的失误可以直接导致对手进球或者获得良好的得分机会。守门员总是不切实际地背负只能成功不能失败的期望，因此，他们总是承受害怕失误的心理负担。由于守门员承担着这种职责，因此不仅他自己，而且还包括球队都会给他施加压力。这种压力会影响他的注意力和动作的协调性，增加失误的可能。守门员在比赛中的压力远大于其他位置上的队员。因此，在训练中要不断强化守门员的自信心。教练员要训练守门员学会积极的心理暗示技术。在练习和指导时，教练员要鼓励守门员尽一切可能扑救。此外，要不断增加或保持守门员的体能水平，因为这不仅是影响心理承受力的重要因素，而且还是比赛中发挥其他心理能力的基础。

足球实战训练　比赛是最好的导师

## 7　灵敏与关节灵活性　场上表现的基础

研究表明，优秀成年足球运动员在90分钟比赛的跑动距离超过10000米，这就是为什么首先需要提高队员耐力的原因。通过有氧与无氧耐力训练可以提高队员在整场比赛过程中保持高强度活动水平的能力，同时也尽可能减小由于疲劳导致的技术能力的下降（T. Reilly & A.M. Williams, 2003）。

足球运动员耐力训练应该以足球的方式进行（T. Reilly & A.M. Williams, 1999）。足球运动员其他能力，几乎都以耐力为基础。通过不同形式的足球训练可以提高运动员的耐力水平。但绝对速度和柔韧性则需要使用其他方法。这是由于为了提高速度，通常要求队员在最短的时间内以最大的强度进行练习，之后再进行充分的休息以保证能量系统的恢复。但在足球比赛中很少有这种情况。在足球比赛中，运动员大多数跑动距离比较短，且受比赛其他因素影响较大。运动员两次高强度活动之间的休息时间不能保证其充分恢复。因此，与灵敏性有关的能力很难在一般性练习或小场地比赛中获得提高。

这些身体素质取决于力量与肌肉体积。在青春期后期，特别是在12岁左右，肌肉仍不断增长。因此，在青春期前，没有必要对爆发力和灵敏性进行针对性的训练。

在针对与力量素质没有直接关系的其他身体素质进行训练时，教练员应尽可能采用练习或比赛的方式进行。足球运动员的典型动作通常与球的控制、制动、跑、跳、射门和变向有关。对于上述能力而言，灵敏性是非常重要的基础。

# 7 灵敏与关节灵活性 场上表现的基础

起跳、用头将快速飞行的球改变方向并落在目标点，同时还需要观察场上的形势以及应对来自于对手的身体对抗，这需要运动员具备高水平的协调能力。

这些身体能力与大脑和肌肉的协调能力有关。肌肉能力的最佳表现取决于身体关节的灵活性。然而，关节的灵活性会随着年龄的增加而降低。通常，那些青少年可以进行的练习对于老年人来讲则是非常困难的。因此，从儿童的健康和全面发展的角度考虑，为持续从事专项训练建立良好的身体基础，教练员要在训练中提高他们的稳定性、灵敏性和关节灵活性。

所有结合球的技术动作都可以认为是某种形式的协调性练习。但是，在完成这些结合球的技术动作时，大多只用到部分肌肉（更多的为下肢肌肉）。因此，其他协调肌，如上肢肌需要进行额外的训练。足球运动员若要完成准确、高效的动作，必须协调使用全身的肌肉。协调能力的高低影响着运动员技术动作的表现。也就是说，如果基本的灵敏素质、关节灵活性不高，即使运动员进行了非常认真和刻苦的训练，也很难达到较高的水平。简而言之，协调能力是所有技术动作的基础。

因此，对于青少年的培养不能仅仅着眼于运动表现本身，还需要全面提高心理、生理、身体和社交技能等各个方面。在开始从事足球训练之后，青少年的训练就应该包括不同形式的、结合有球或无球的跑和追逐练习。此外，青少年也应该参与其他运动，以提高他们的协调性。这些运动项目包括田径、篮球、乒乓球、曲棍球或其他休闲体育项目。

## 8 训练原则 持续提高的保障

### 8.1 基本训练原则

教练员在准备、组织一堂训练课时，需要遵循一些基本的训练原则。训练计划的制定实质上是为运动员创造一个良好的学习提高的过程，教练员不仅需要考虑运动员的发育阶段，还要考虑赛季、小周期安排等因素。除此之外，教练员不能将计划仅仅着眼于某一堂训练课，还要考虑每周、每月、每个赛季如何整体安排。

教练员需要针对那些队员在比赛中需要的因素进行训练，练习的内容应恰恰是比赛中所使用的内容。也就是说，练习的主题应与比赛中所出现的典型情况相一致。

#### 系统训练
一次训练课不一定就能立竿见影地提高队员的运动表现。队员运动表现的提升是一个长期系统的过程，在这一过程中运动员需要不断重复、渐进地提升与足球比赛要求相关的不同内容。仅仅是不断地进行各种练习或比赛，也许是在不断地重复错误。

#### 重复练习
所谓有效的练习组织是那些可以让队员在该练习中重复多次演练训练课的主题内容，这种重复演练的频次是在实际比赛中达不到的。此外，这些主题要在较长一段时间内不断地重复、强化。

#### 基于队员发育水平
训练对象的生物学特征是影响训练效果的重要因素，因此教练员在安排训练时，要根据运动员的发育阶段调整训练的内容与要求。

8　训练原则　持续提高的保障

在训练前对训练课的目标与相关活动进行简短的有鼓动性说明，有助于提高训练课的效果。

### 基于训练对象的水平

教练员安排的练习应该能够使运动员最大程度地发挥自己的最好水平。过于简单的练习会使运动员在练习时失去专注度。此外，如果运动员感觉练习的难度过大，他们可能从一开始就不愿继续尝试。

### 从简至繁

教练员在选择练习时，应该考虑队员的运动能力。在练习时，一旦运动员能够连续地成功进行，则练习的难度应该有所增加。逐步地增加练习的难度可以提高学习效率。在这种不断增加练习难度的条件下，运动员就必须在某一两个方面找到新的解决问题的方法。

### 周期性的强度变化

交替性地安排高强度与低强度练习，可以避免运动员过快地产生疲劳。通过低强度练习，运动员获得足够的恢复时间，机体在这样的训练课中也有时间使能量再生。通过这样的安排，可以不断地提高运动员的体能水平。

157

## 8.2 训练组织安排

组织安排训练是要花费时间的。一方面，组织安排训练的这段时间可以作为运动员在上一个练习后的恢复时间；另一方面，如果组织安排训练的时间过长，从时间上讲也是一种浪费。因此，训练时用于组织安排的时间应尽可能的短。也就是说，教练员应事先计划好训练课的组织、内容与顺序。在组织训练时教练员要考虑的方面包括：练习人数、运动员的能力水平、运动员的发育阶段、可供使用的器材、训练场地的大小、训练场地的质量。更重要的是，教练员要事先计划好训练课的进展与变化、合理地安排时间以及减小组织安排上的混乱。下文是教练员在准备一次训练课时应考虑的重要方面。

### 小组

每组人数越少，运动员接触球的次数就会越多，练习的机会也就会越多。年轻队员需要相对大的空间和更多的时间在低压力的情境下提高他们的技战术能力。

### 装备

球、标志盘以及其他装备应该被视为运动员的"玩具"。就像在家一样，运动员必须爱护这些装备。教练员要提醒运动员如何摆放、使用。通过这些指导，教练员可以使训练组织更为有序。

### 练习

运动员在进行同样的练习时，训练的时间不应超过15~20分钟。同一个练习，如果安排的时间过长将会影响队员的训练动机和专注度。练习内容的变化会提高运动员的训练动机，这是因为运动员必须专注才可以完成新的要求。

8 训练原则 持续提高的保障

### 球门

球门是足球场上最重要的设施。但是，很多情况下我们并没有标准球门可供使用，因此不得不使用小球门进行练习。在这种情况下，教练员可以通过摆放目标物的方式组织训练。例如，可以使用标志杆、标志桶、球包、分队服，设置一个让队员将球传过的目标线。教练员可以根据特定的训练条件安排不同的得分方式。

### 球队

在进行小场地比赛或某些复杂的练习时，运动员应当穿着不同颜色的分队服。这样的安排有利于运动员识别比赛的环境、做出正确的决策。在比赛时，表现优秀的运动员通常是那些行动速度快的队员。

### 球

任何圆的东西都可以认为是"球"。球应该可以滚动，应该足够结实，同时也不应太重或太硬。即使将旧衣物绑在一起形成圆球形也可以作为足球使用。此外，运动员可以使用网球、塑料球等进行练习。

## 8.3 调整、区分及扩展练习方法

教练员安排练习时，首先应该考虑的是运动员当前的能力水平。如果运动员感觉练习太简单，即会失去练习的动机，也不会认真地投入训练。简单的练习会影响运动员的专注度进而降低能力提高的幅度。如果队员感觉练习难度过大，同样也会使他们失去练习的动机。只有在运动员感觉练习有一定的难度可以完成，但又有一定的挑战性的情况下，才可以完全激发他们的训练动机。因此，教练员在安排练习时，一定要考虑运动员的能力水平。有时可以对同一个队伍中能力水平高的运动员提出更高的要求，对能力水平相对较低的运动员降低要求。因此，教练员要想办法根据队员个人的情况进行一定的调整，从而帮助他们强化自己的优点、克服自己的不足。

所有的练习基本上都可以通过不同的方式进行一定的变化。这些变化都与进攻和防守队员的行为有所关联。下表描述与练习变化有关的一些因素。

| 球门 | • 较大的球门比较小的球门更有利于进攻一方 |
| --- | --- |
| | • 更多的球门比仅使用一个球门更有利于进攻一方 |
| 运动员 | • 进攻人数占优势比人数均等更有利于进攻一方 |
| | • 进攻人数均等比人数劣势更有利于进攻一方 |
| | • 无对手的训练比有对手的训练更容易 |
| 空间 | • 在更大的空间中，更有利于进攻一方 |
| 时间 | • 没有时间限制的训练比有时间限制的训练更容易 |
| 任务 | • 没有特殊规则的训练比设计了特殊规则的训练更容易 |
| | • 仅训练/指导某一个技战术要素比同时指导几个方面的技战术要素更容易 |
| | （如果训练课的重点是防守，则可以反过来应用上述原则） |

例如，进攻方一旦不能完成训练要求的任务，且他们已经尽力进行了多次尝试，教练员则需通过调整降低训练难度。采用的方式可以是改变防守条件（如改由防守队员防守一个小球门或空间至防守一条目标线；也可减少防守队员的人数）。

如果进攻一方总是能够成功，而防守一方很难获得球权，教练员则需要增加练习难度。所谓增加练习难度，是指教练员对练习的设置更为复杂、更为接近真实的比赛。采用的方式可以提出完成进攻的时间要求、减小空间，或增加防守队员的人数。同样，如果训练的主题是防守时，教练员也可以根据情况进行规则上的调整。

# 9 训练组织 高效训练的基础

## 9.1 概述

一般可以将一堂训练课分为三个部分。首先运动员要进行15~20分钟的热身，这一部分的练习目标是使运动员的身体为之后的训练做好准备。由于儿少运动员普遍血压较高，因此他们不需要进行特殊的身体准备。当他们进入青春期之后（大约12岁），则需要安排专门的热身内容。

训练课的最后一部分内容是放松。通常，这一部分的目标是使运动员在有强度的训练课后身体的再生。这一部分通常包括慢跑和拉伸。在放松之前，教练员一般要安排一个没有特殊规则限制的比赛。其目标是使运动员在结束训练前有一个良好的心理体验。与之前讲到的有关热身方面的内容一样，儿少运动员同样不需要在放松阶段安排特殊的内容。

训练课的主体部分是热身与放松之间的这一段时间。为了提高这一段时间的训练效率，教练员需要考虑以下几个原则：

基本协调能力的练习是足球专项技术的基础，早期、系统地进行是促进队员进步和提高的重要组成部分。

对无氧系统要求高的练习应放在热身之后进行，此时运动员还没有产生太多疲劳。这些所谓对无氧系统要求高的练习包括冲刺、射门、跳跃。此外，需要在多次重复性的技术练习时保持高度注意力的练习，也应放在这一时段。

对有氧系统需求更高的练习应放在放松阶段之前进行。这种练习包括那些练习人数较多的比赛，以及重复进行演练的特定战术练习。

在安排训练时，教练员应将有氧和无氧练习交替安排。这是由于运动员在进行了高强度的练习后，需要进行较低强度的活动以保证能量系统的恢复。

在安排7岁以前的儿童训练时，训练课时间不应超过60分钟。这是由于儿童的注意力很难保持较长时间。在安排年龄稍大一点的青少年训练时，训练课时间一般在90~100分钟。此外，每周至少要安排2次的训练，这样才会更有利于他们的学习提高。

## 9.2 基本训练课的结构

根据一般的训练原则，下表展示了基本训练课的一般结构。为了提高训练的效率，成功地组织训练，在一次训练课中训练主题不应超过两个。运动员需要时间对相关主题进行探索学习，并获得经验。训练课的主题如果超过两个将不利于达到上述目标。

| 第一部分 | 热身 | | 约20分钟 |
|---|---|---|---|
| 第二部分 | 身体训练 | | 约70分钟 |
| | 学习一 | 小场地比赛（个人经验） | 5分钟 |
| | | 练习（与主题相关） | 15分钟 |
| | | 小场地比赛（重复） | 6分钟 |
| | 动机性练习 | （灵敏，如追捕游戏） | 5分钟 |
| | 学习二 | （重复上一次训练课内容） | |
| | | 练习 | 15分钟 |
| | | 小场地比赛 | 6分钟 |
| | 比赛 | （所有人） | 15分钟 |
| 第三部分 | 放松 | | 约10分钟 |

## 9.3 准备一堂基本训练课

训练是提高运动员心理和身体能力的一个系统过程。系统性训练有以下两个主要特征：
- 连续性：一个训练主题至少要重复1～2次训练课。
- 进展：逐步增加练习要求。

换言之，教练员不应该不断地变换训练课的主题。教练员在设计训练计划时，应以4～6周为一个单元，这样运动员才有足够的时间在这段时间内逐步提高某方面的能力。例如，教练员可以在2～3周的时间内着重安排某两个训练主题，同时也可以安排其他一些综合性练习。这样，就可以使运动员在较长时间内保持良好的训练动机。

通常情况下，教练员在解决一个中期目标的同时，也会根据目前比赛中发现的问题进行训练。在这种情况下，教练员可以利用1～2周时间解决目前急需解决的问题。其他一些需要提高的能力，则需要教练员安排专门的训练。在这个意义上，系统性训练意味着一方面要关注长期目标，另一方面还要关注与目前比赛相关的急需解决的问题。

认真细致地准备是达到系统性效果的基础。

然而，教练员在准备训练课时，不必事先都将训练时间、分组和练习方式事无巨细地安排好。有时，教练员必须对不可预知的情况做出临时变化。对于教练员来说，掌握训练课组织的基本概念是非常重要的，如：

- 训练课目标，以及它与上次训练课的关联。
- 运动员的水平是否能完成训练课目标。
- 之前比赛中出现的、需要提高的方面。
- 训练场地的大小与质量。
- 训练课的人数。
- 可供使用的设备。

为了充分利用时间，教练员在组织训练时应考虑的其他事项：
- 使用什么类型的练习方式？
- 练习的顺序（与训练原则有关）？
- 如何才能快速、简洁地变换练习（不需要在每个练习时都不断地变换场地等）？
- 如果临时少了1名运动员，如何变化？

练习的时长应该是一个相对"粗略"的概念。在实际的操作时，要依据训练动机、队员的进步情况以及他们的发展阶段进行调整。因此，教练员不一定非要严格根据预先设计的时间长短安排训练。有时教练员可以根据具体情况延长某训练内容的时间，减少另一个训练内容的时间。而减少的部分可以在下一次训练课时补足。

下文中的示例展示了与训练课组织有关的内容。以下内容是为12～14岁年龄段的队员所设计的。

## 9.4 训练课示例

**组织计划**

本次训练课的组织如下：
- 使用标志盘摆放出2个区域（如图）。
- 用标志盘摆放出角球线。
- 在防守区域线的中间放置可移动球门，与第二个球门相距25m。

在热身前，队员在2分钟之内即可将场地布置完成。除此之外不需其他工作，从而可以节约时间用来进行训练。

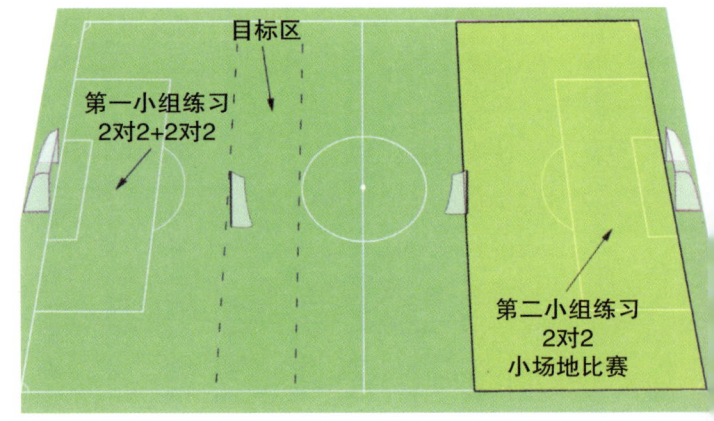

9 训练组织 高效训练的基础

### 热身（约20分钟）

队员分成每组2人，每组1个球，相互传球，进行各种配合，如墙式、居后插上、交叉等。

训练主题是根据前一场比赛的分析确定的：通过中路配合完成射门。
专项主题：前锋策应并进行墙式配合。
根据队员的能力：在中路进行2对2配合。

### 比赛场景：2对2墙式配合

在相应的区组织练习以提高队员的能力

**执教要点：**

- 与运球队员呈斜线接应角度。
- 眼睛可以看到运球人。
- 摆脱防守人，并进行策应。
- 形成2对1的机会。
- 在运球人接近他的防守队员时策应。
- 跑向球。
- 将球放在远离防守队员的位置。
- 一次触球传球或运球。

### 根据比赛场景设计的练习

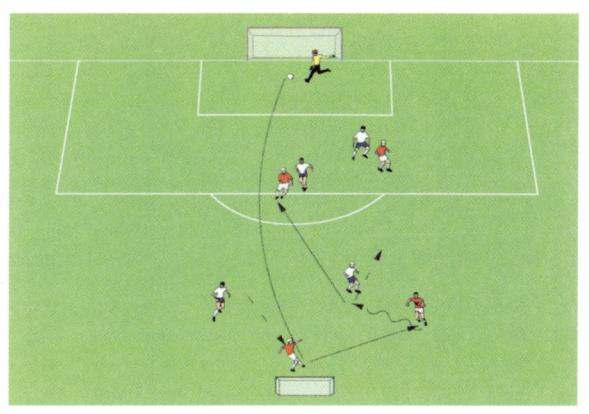

- 1个标准球门，1名守门员。
- 1个小球门，4m宽，放置在与标准球门相对的位置，相距35m。
- 8名队员，分成2组1对1在中场，2组1对1在罚球区前。
- 守门员长传球（手抛球或踢球）给前卫，该前卫将球传给另1名前卫。
- 在接到球后，前卫与前锋配合，目标是完成射门。
- 如果控球的前卫队员受到防守压力，他可以将球传给另1名前卫，由另1名前卫与前锋进行配合。
- 限制条件：每次仅与某1名前锋进行配合。
- 每次完成射门后，由守门员发球开始进行下一次练习。
- 如果防守队员获得球权，他们的目标是进攻对方的小球门。

**练习变化**

- 前卫队员仅可以传球一次，且不能回传。
- 前锋队员仅可以传球一次，且不能回传。
- 防守队员之间可以相互保护/支援。

**练习组织：（约30分钟包括交换时间）**

- 2对2小场地比赛，2个球门（队员分成4组，在得分后进行交换，每组约6分钟）
- 练习：队员分成2组，每组8人，场地同上（约15分钟）

**全队的动机性练习（约5分钟）**

射门

- 队员分为2组，1名守门员，每人1球。
- 从罚球区外的不同角度进行射门，射门前只能2次触球。
- 记录哪一组进球更多。

**长期多次练习提高的目标**

保持控球权

**专项主题**

在人数优势的情况下进行进攻组织。

根据队员的能力：进行5对3。
### 比赛场景
### 执教要点
- 首先强调安全传球以保持球权。
- 利用场地的宽度与深度。
- 长传球。
- 放慢进攻的速度。
- 避免出现1对1的情况。
- 跑动中支援/接应，总是面对球。
- 传地面球。

球队已经进行多次"以保持球权为目标"的练习，并且有了一定的提高。

因此，以下2个示例都是更为复杂的练习，包括了从后场至前场的进攻组织、单前锋的策应以及最后完成射门。

### 根据比赛场景设计的练习示例
- 1个标准球门，1名守门员。
- 在球门前，有一个目标区，约5m宽，长为整个球场的长度。
- 5名防守队员，3名进攻队员
- 在得到来自于目标区域的传球后，3名进攻队员进攻5名防守队员，他们的目标是进攻标准球门。
- 如果获得球权，防守队员进攻目标区。
- 将球传进目标区，且同伴可以在那里接到球即为成功（离开目标区进行下次进攻）。

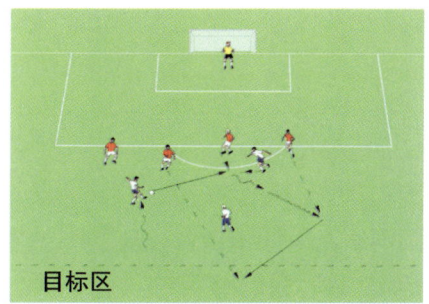

目标区

- 进攻队员不能进入该区域。

**恢复性间歇（约5分钟）：** 放松、拉伸

### 综合性练习：5-3 +2 -2，2个球门

**练习组织（约25分钟）**

- 目标区域（如图），5m宽，1个标准球门放置在球门线上。
- 在目标区域内进行5对3，在另一个半场进行2对2+2对2。

**目标**

- 首先守门员长传球给目标区域中的2名前锋，前锋接球并进攻对方球门。每次练习均以此方式开始。

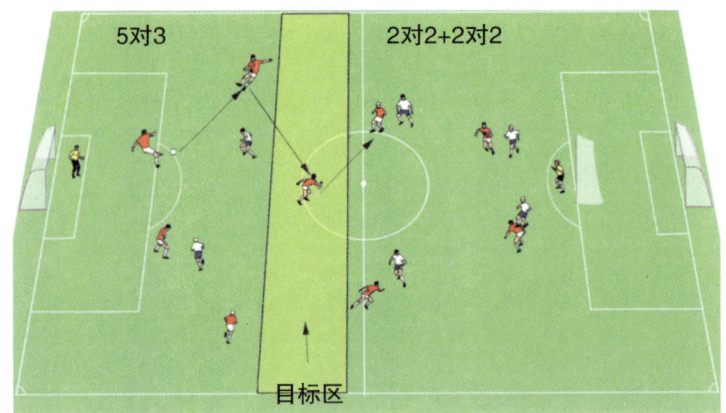

- 如果5名后卫获得球权，他们首先要将球传进目标区域。
- 对手不可进入目标区域。
- 之后他们将球传至另一个区域中的同伴，形成2对2 +2对2的练习，进攻对方射门。
- 如果防守队员获得球权，他们可以直接发起反击。

9 训练组织 高效训练的基础

## 训练课组织

| | | | |
|---|---|---|---|
| 热身 | | | 约15分钟 |
| 训练 | 第1个主题 | 前锋的支援 | 约25分钟 |
| | | 1对1 +1对1，1个球门 | |
| | | 小场地比赛 | |
| | 动机性练习：射门 | | 约5分钟 |
| | 第2个主题 | 攻守转换 | 约15分钟 |
| | | 5对3防守 | |
| | 恢复性间歇：放松与拉伸 | | |
| | 综合练习 | 5对3 + 2对2+2对2，2个球门 | 约15分钟 |
| 比赛 | | | 约15分钟 |
| 放松 | | | 约10分钟 |

足球实战训练 比赛是最好的导师

## 10　附录

### 依据比赛情况确定执教要点

本章中，根据比赛中的实际情况，我们为每个动作或行动提供了技术要点。其中的图片均来自于比赛中的具体场景。每个主题的后面都有不同的编号，教练员可以根据需求进行不同的练习。因此，虽然有些练习的主题是相同的，但由于比赛场景不同练习的要点有所区别。

**接地面球（1）**
- 跑向球。
- 在接球前放慢速度。
- 将球放在自己的身体及对手之间。
- 支撑腿微屈。
- 第一次触球即将球停在离身体一步的距离。
- 在接球时，接球脚要主动迎上触球。
- 第一次触球时调整脚步。
- 在第一次触球后，将脚指向准备传球的方向。

**接空中球（1）**
支撑腿（踏地的腿）
- 在第一次触球时就控好球。
- 在球刚刚触地时，用脚触球（不要让它弹起）。
- 以脚内侧或外侧触球，即在球落地瞬间斜向压向球。

胸部接球
- 两脚在地面上，双膝微屈。
- 身体迎向上，并在触球瞬间有一个"前送"的动作。
- 保持身体平衡（在空中）。

10 附录 依据比赛情况确定执教要点

接球（3）
- 当从防守队员一侧要球时，在接球前摆脱对手。
- 在接到球前，再使用身体晃动为自己争取更多的空间和时间。
- 高质量的第一次触球。
- 如果可能，转身面向对手，并突破他。

接球（4）
- 身体做假动作/晃动，向球移动，让对手不知道你想如何处理球。
- 第一次触球时将球传出或将球停在离对手较远的一侧。
- 如果可能，转身面向对手，并突破他。
- 如果有必要，就保护好球，将肩膀朝向对手。
- 某些情况下，可以将球直接挑/漏过对手身后。

接球（18）
- 使球远离对手。
- 注意观察同伴和周围的情况。
- 接球时，要观察前锋的行动。
- 避免与对手形成1对1。

配合（6）
交叉配合或运球
- 选位于球前或与球平行的位置，快速交叉，从同伴运球路线后跑过去。

交叉配合或运球

- 在交叉的一瞬间，控球队员决定是自己运球或让同伴将球传出。
- 如果不能运球，将球传给前来进行交叉配合的同伴。
- 一旦做出决定，原来的控球队员要么快速进攻防守队员，要么找新的位置为同伴提供支援。

**居后插上配合或运球**
- 从运球队员的身后起动，快速从球后向远离球门的方向向前跑（防守队员一般都会防守更危险的区域）。

居后插上配合或运球

- 在居后插上队员跑到球前的瞬间，控球队员选择传球或自己运球。
- 如果防守队员封堵了直接面向球门的路线，则传球给后套上队员；如果防守队员封堵传给后套上队员的传球路线，则直接向球门继续运球。
- 控球队员运球直接跑向球门，这种方式可以减少后套上队员的跑动距离。

**墙式配合或运球**
- 位于球前且更接近球门的位置，首先快速、短距离地跑向球。
- 在控球队员运球接近对手时，决定向前跑和接应。
- 如果防守队员封堵了直接朝向球门的线路，则传球；如果防守队员封堵了前传的路线，则运球向前。
- 控球队员首先传地面球给接应队员，之后跑向防守队员身后，准备再次接球。

10 附录　依据比赛情况确定执教要点

**交换运球或运球**

- 对着接应的同伴运球，运球时用身体护球，将球放在远离防守队员的一侧。

- 根据对手的反应选择自己运球，或与同伴交换，由同伴运球。
- 肩膀朝向对手，用身体护球。
- 用远离对手的脚运球，以方便同伴将球运走。

**交流（15）**

- 总是与附近或身前的同伴进行交流。
- 交流时声音要大，用词简短、清晰，直呼其名。
- 指导，不要指责。
- 指导要非常明确。

### 进攻时的平衡（14）

- 进攻时在球后总有支援的队员。
- 在球后接应的位置应该与球有一定的距离。
- 如果在对方的压迫下不好处理，将球传给身后同伴。
- 位于球后的队友要呼应控球队员。

### 创造与利用空间（12）

- 保持距离，保持斜线站位，创造1对1的机会。
- 通过在球前创造进攻的深度支援控球人。
- 在局部人员密集的情况下，创造可以将球带离该区域的机会。
- 斜线跑向中路，并且一直能看到球。

### 创造空间（14）

- 在球前或球侧接应。
- 与球保持距离以创造空间，如果同伴将球传过来，对方防守队员不得不跑的距离更远。
- 如果接到球，第一时间观察前方，或将球往前传。
- 利用空间运球，如果不能直接向前也可以采用斜线向前运球的方式。

### 传中（3）

- 在传中前，短距离的曲线跑接近球，同时要观察罚球区内的情况。
- 观察罚球区内同伴的跑动距离，从而决定如何传球以及将球传向何处。
- 在接球支撑腿的位置踢球。
- 如果传空中球，用脚背内侧击球的下半部分；如果传地面球，则使用脚内侧。

**传中（13）**

- 如果对方的守门员与后卫队员之间有空当，则将球传至后卫身后（如在反击时）。
- 采用短距离、地面球将球传至前来保护的防守队员身后，传给跟进的队友。
- 如果对手在罚球区内及罚球区附近队形紧密，将球传至后门柱。
- 大力传中（地面球或空中球）直接传至罚球区或采用球向内旋的方式传球（对于防守更加困难）。

**传中（17）**

- 在底线传地面球至防守队员身后。
- 在传中前观察中锋和中场队员的跑动。
- 对着包抄队员传球，传球力度要大。
- 为了避免防守组织的形成，在必要的情况下使用非惯用脚传中。

**防守（1）**

- 一旦控球队员准备向有防守保护的一侧带球时，就要开始实施抢球。
- 如果进攻队员将球传至自己的身后空间，转身追球。
- 追抢球时与对手跑向同一方向。
- 尽力卡住对手跑向球的路线，从侧向抢球。
- 在追球的过程中，合理运用身体，不让对手跑到他想去的方向。
- 如果与对手有可能同时触到球，将球踢开，不让对手控球。

### 防守（13）

- 把对手逼向边路、延缓对手将边线第二防守作为同伴。
- 在同伴未到达之前，先跑至离球门更近的线路。
- 如果第一防守人已经对最危险的线路形成保护，即实施夹抢。
- 如果在局部有人数优势，则当从侧面实施抢球。
- 减少对球的压力、延缓对手的进攻，为队友的回防和支援赢得时间。

### 人数劣势情况下的防守（5）

- 延缓控球人和跑向球门接应进攻的对手，为同伴回防赢得时间。
- 在延缓对手进攻时，诱导对手进入1对1的情景（不让他传球）。
- 保持朝向本方球门的线路，防守对方传渗透球或运球突破。
- 如果对手已经进入射门区域，对球施加更大的压力。

### 人数优势情况下的防守（6）

- 总是要保护对手离本方球门最近的线路。
- 防守对手离本方球门最近的前锋，不要让对手进入身后空间（越位战术除外）。
- 迫使对手传横传球或减缓他的运球速度。
- 诱使对手运球进入远离本方球门的区域（要非常明确）。

### 延缓（1）

- 在延缓时，选位于本方球门一侧的线路上。
- 诱使对手带球进入远离本方球门的区域。
- 在向后退的过程中，保持双脚前后站立的姿势，减缓对手的带球速度。

- 离控球队员一步的距离。
- 眼睛盯着球，不要被对手的身体动作所干扰。
- 等待对手首先做出动作。
- 保持耐心，等待并利用对方所犯错误。

延缓（2）
- 快速跑向准备接球的对手，迫使他接球时仅能朝向远离球门的位置控球（为延缓创造空间）。
- 在运球人接近自己时，想办法减缓对手的运球速度，与球保持一定距离。
- 防守对手的传中路线，使其不能将球传给自己身后的进攻队员。
- 如果成功断球，快速运球或将球传给同伴。

延缓（15）
- 靠近对手，施加压力，迫使其犯错。
- 防守朝向球门的空间，迫使对手横传或回传。
- 将对手逼向边路或可形成夹抢的区域。
- 防止对手渗透性传球将球传至自己的身后。

延缓（16）
- 后退跑，向后移动，注意保持好越位线，减缓对手反击的速度。
- 迫使控球人运球或保持球权，从而为同伴的回防赢得时间。
- 保护朝向球门的空间。
- 如果对手进入可以射门的区域，对球施压。

延缓（18）
- 对控球人进行紧逼，保护门前、身后的空间。
- 当对手横传球时，先回到斜线纵深区域。
- 仅在进攻队员没有控好球的情况下，才上去抢球。
- 指挥身前的同伴如何行动。

### 延缓（19）

- 在罚球区前，位于球与对方前锋的线路上，防止对手将球传给前锋。
- 根据球的移动选择不同的行动。
- 延缓，寻找抢断球的机会或等待对手犯错。
- 在前锋的身后进行盯防，防止球传至防线身后。

### 夹抢/逼抢（11）

- 当球在边线附近时实施夹抢，或将控球人逼向边线。
- 通过保护对方前锋通向本方球门的线路，第一防守人实施延缓（为同伴的回防赢得时间）。
- 第二防守人快速从控球队员的侧面或身后抢球。
- 若进攻队员决定从某一侧突破，第一防守人要从同一侧进行跟随并逼抢；同时另一名防守队员靠近并卡断对手转身的线路。

### 夹抢（13）

- 当实施夹抢时，2名防守队员保持在两步的距离之内。
- 如果控球队员有将球传给其他同伴的机会，则从侧面进行夹抢。
- 如果有同伴保护，马上向对手实施逼抢。
- 如果控球队员从某一侧进行突破，第一防守人跟随并逼抢，第二防守人靠近并防止他突然变向。

**运球（1）**
- 运用脚内侧斜线向身体另一侧运球；使用脚外侧斜线将球推离身体（假动作）。
- 运用脚外侧直线向前运球（速度）。
- 运球朝向对手，迫使他做出行动。
- 当运球面向对手时，保持运球的速度，同时控好球（不要浪费时间）。
- 首先将球向内带，吸引对手对假动作做出反应。

**运球（2）**
- 向防守队员身体侧面的空间运球，迫使对手做出行动。
- 尽量保持运球速度。
- 观察同伴的动作，选择利用空间或传球。
- 队员相互之间要有眼神交流。

**运球（3）**
- 由边线向中路运球，为边路创造空间、迫使对手做出行动。
- 直接朝向对手运球，但既要有过人，也要有传球两种选择。
- 运球时，头要抬起来，以便能观察到罚球区内及罚球区附近的情况。
- 如果选择过人，要快速果断做出决策。

### 运球（4）

- 如果空间不大（或做完假动作后为自己创造了空间）将球运向侧面，使球选离对手（可以用自己的身体将对手与球隔开）。
- 身体接触对手、控制球，利用对手的身体转身或运球。
- 向空当运球，迫使对手做出行动（获得时间、更有利于控球）。
- 向球门斜向运球，为渗透性传球创造空间。

### 运球（15）

- 将球运离对手，为渗透性传球创造空间。
- 总是寻找将球向前传的机会。
- 在中场避免出现1对1的局面。
- 中速运球，从而有利于观察队友的行动。

### 运球（17）

- 在接控球后，直接向对手运球，远离边线以创造1对1的空间，以及为同伴的支援创造空间。
- 快速运球，果断决定1对1过人或传球。
- 观察位于中路或前方队友的位置。
- 利用防守队员身后的空间（是否有防守保护），实施1对1。

### 运球（19）

- 快速运球向对手及保护者之间的空当，准备进行渗透性传球。
- 中速运球，以便同时能观察同伴的动作。
- 运球远离对手，以避免1对1的局面。
- 总是面对位于前方的同伴。

## 对手人数占优情况下的运球（11）

- 利用身体（肩）保护球，第一次触球时不要操之过急。
- 如果决定放慢进攻速度，运球向空当、远离对手，等待同伴的支援。
- 运球向没有防守保护的一侧，引诱第二防守人改变防守位置，做假动作并寻找机会突破。
- 如果2名防守人位置站位平行，则寻求从两人中间运球突破。

## 假动作（1）剪式

- 大步斜向朝一侧做假动作，之后从另一侧运球突破。
- 在做假动作时，观察对手的行动。
- 用另一只脚的脚外侧将球运向另一侧；如果对手向假动作的那个方向移动，快速运球向另一侧。
- 如果对手不"吃"假动作，则从假动作一侧突破。
- 在做假动作时，要保持好球与对手之间的距离（不要太近）。

## 完成进攻（3）

- 向控球队员移动，为其提供支援（墙式配合）。
- 在罚球区外不要急于前插，若同伴有传中可能，插向近门门柱。
- 跑动中抢点，比对手首先触到球。
- 如果没有射门得分机会，将球快传给跟进的前卫。

## 完成进攻（12）

- 只要球一在射门范围内，就可以冒险。
- 抢点（传中），并快速射门。
- 如果被对手紧盯，使用假动作晃开对手并跑向球，切断对手与球之间的路线。
- 如果对手紧盯，运用身体（肩）护球，控球、做假动作或转身。

## 完成进攻（16）

- 传球时速度要快、传地面球。
- 只要有可能，就要尝试射门。
- 射门后注意补射。
- 利用人数优势，将球传给没有被盯防的同伴。

## 盯人（2）

- 靠近对方进攻队员，如果对方传球，寻求断球机会。
- 在移动时，明确哪条是离本方球门更近的线路。
- 总是要既能观察到对手，又能观察到球。
- 如果获得球权，快速转换、实施反击。

## 盯人（3）

- 总是要既能观察到对手，又能观察到球。
- 总是要保护对手离本方球门最近的线路。
- 在前锋进行远离球的移动时，给他留出一定的空间。
- 当对方前锋队员离球越近时，实施更紧密的盯防。

10 附录 依据比赛情况确定执教要点

### 盯人（4）

- 在离球近的一侧靠近对手，但要避免身体接触。
- 若有机会，断球。
- 紧随对手，离对手保护其不能接球转身的距离。
- 在对手做出向哪一侧运球的行动后，你再做出行动。

### 盯人（11）

- 在进攻队员等待接球的过程中，1名防守队员在其身侧准备干扰传球，另1名防守队员在其身后保护。
- 盯防的位置选择在球一侧的进攻队员身边，即在球与球门之间的线路上防守。
- 同时可以观察到球和对手，准备为进攻队员的传球和/或其他动作做出反应。
- 在盯防时避免与进攻队员有身体接触，准备在不被对手卡住位置的情况下断球。

### 盯人（12）

- 1名队员延缓控球人，另一名防守队员站在其斜后方靠近对方第二名进攻队员的位置进行保护。
- 通过将对手逼至远离本方球门的方向进行延缓。
- 选择可以切断第二名队员与第一名进攻队员之间的联系的位置（准备断球）。
- 紧密盯防所有在球前的进攻队员。

### 盯人/交换防守（14）

- 紧密盯防对手，准备断抢传向他的球。
- 在对球门威胁大的一侧盯防。
- 跟随跑动的对手，直至把对手交给另一名没有防守的同伴，之后再回到自己的位置（空间）。
- 另一名防守队员（第二防守人）要比进攻队员离自己的球门更近一步（在自己的同伴靠后的位置）。

183

### 盯人/保护（17）

- 对位于球前的所有进攻队员进行紧密盯防。

- 保护最危险的区域。
- 总是在最危险的一侧盯防中锋。
- 不让接应的中锋进入防线身后。

### 造越位（14）

- 当对手回传长距离球、在其不能直接将球再向前传的情况下，快速向前移动，把对手留在越位位置。
- 如果控球人转身，身体背对本方球门，向前移动，将对手留在越位位置。
- 在使用造越位战术时，要对球施压。
- 在使用造越位战术时，要盯防跑向防线身后的进攻队员；在裁判员没有鸣哨之前，不要放弃防守。

### 传球（15）

- 为了迅速控球，将球传到跑动队员的脚下。

- 传地面球，从而让同伴更容易地控制。
- 球速要快，从而为安全、控制性地进攻组织赢得时间。传球速度要快。
- 在配合时，使用准确的短传。

### 传球（18）

- 只要有可能，传地面球。
- 注意传球的力量（球速）。
- 将球传至同伴的脚下，以利于他迅速接控球。
- 长传球，从而使队友有时间安全地控好球。

## 整体移动（15）

- 总是向有球的一侧移动。
- 斜线向后移动，保护球门。
- 在前卫线向有球一侧移动时，必须有1名队员封堵球与球门之间的线路，以达到延缓的目的。
- 在整体移动时，要寻求干扰对方进攻以及获得球权的机会。

## 射门（1）

- 只要一有机会，就选择射门。
- 如果距离较远，选择使用正脚背进行射门。
- 根据特定的场景，选择最容易/可以最快完成射门的脚进行射门（不要总调整到自己最擅长使用的脚）。
- 寻找易于得分的角度。
- 射门后要跟进，准备补射。
- 如果距离近，选择使用脚内侧（脚弓）射门。
- 如果守门员出击，通过运球和假动作突破守门员。

## 支援（2）

- 从球门一侧斜向跑动支援控球队员。
- 在跑动支援的过程中，运用身体假动作。
- 接应队员应在控球队员可以观察到自己的跑动线路并可以传球时加速起动。
- 与控球队员交叉跑位，从而将防守队员吸引走，为控球队员自己运球或射门创造机会。

## 支援（4）

- 斜线跟进，准备与前锋进行配合，在其身后进行支援。
- 向边路移动，从而为接球人创造控球和运球的空间。
- 在控球人可以看到或传到的地方接球。
- 快速支援，从而可以为控球队员提供传球的选择。

### 支援（5）

- 面对控球队员，与其进行眼神交流。
- 在决定传球或过人之前，与防守队员形成1对1的局面。
- 通过传安全的地面球"摆脱"防守者。
- 第一次触球，即将球接到可以直接向球门运球的位置。

### 支援（6）

- 快速与控球队员交换位置（防守队员要决定盯防谁）。
- 跑向可以做配合的区域。
- 快速决策、快速行动（迫使防守者仅有很少的时间逼抢球）。
- 在跑动支援时，总是要可以看到球和控球队员。

### 支援（11）

- 用眼神与控球队员交流，在空当及可以接到地面球的位置接球。
- 快速支援，从而减少防守队员对球的逼抢时间。
- 在跑动支援时，给控球队员洪亮且简洁的提示，使其明确你的动作目的。
- 如果与控球队员之间的距离太近，采用远离同伴向对方球门跑的方式，迫使对手跟随你。

### 支援（12）

- 在球传出来之前加速跑。
- 通过短距离的节奏式跑动摆脱防守队员。
- 当控球人可以观察到自己的跑动以及可以传球时，跑动支援。
- 在球传出后，再次选位进行支援。

### 支援（13）

- 与控球队员保持一定的距离，从而为其提供安全的回传球的机会。
- 在中场向侧向空间移动，从而为控球队员提供安全的横传球的机会。
- 快速跑，为同伴创造可以配合的机会。
- 采用远离球的跑动方式，从而引诱防守队员，同时创造进攻空间。

10 附录 依据比赛情况确定执教要点

支援（14）
- 确保配合符合场地双方的实际行动。
- 在采取行动前，对准备进行攻击的一侧留出空间。
- 对准备进行攻击的一侧采取积极主动的移动。
- 观察对手的行动以确定自己的决策。

支援（15）
- 在支援时，要充分利用空间。
- 跑向同伴可以传地面球的空间。
- 通过快速的传球创造人数优势。
- 快速引开防守队员，以便支援控球队员。

支援（16）
- 在边路创造并利用人数优势。
- 将球传向防守队员之间的空当，以应对他们的造越位战术。
- 快速配合。
- 为同伴创造可以安全传球的接应点，从而避免他只能进行1对1。

支援（17）
- 通过节奏跑为同伴安全地传球创造空间和时间。
- 快速、明确地跑动，配合持球队员。
- 与控球队员交换位置（交叉跑），从而减小防守队员对球门空间的保护。
- 在靠近中路的位置为同伴创造可以进行墙式配合的接应点，从而帮助同伴在边路组织进攻。

支援（18）
- 利用边路的空间，避免防守队员逼抢球。
- 在跑动支援时总是能看到球。
- 在宽度和纵深位置进行支援。
- 为前锋留出可以接地面球的空间。

支援（19）
- 在控球队员身后接球，以保护进攻。
- 在纵深位置创造和利用空间，使用渗透性传球突破对手。
- 在宽度上创造和利用空间，从而改变进攻点。
- 在球传给其他队友后，快速地再次选位支援。

### 铲球（1）

- 要先于对手触到球。
- 用一条腿踢球。
- 在控球队员的侧方或运球队员的同一个方向上做动作。
- 跑向控球队员，铲球并使对手失去控球权。
- 滑跑向球的方向，如果可能，就把球控住。
- 用脚背正面或脚内侧触球。
- 在对手触球后，并且在没有再次触球前实施铲球。
- 在身体接近球时铲球。

### 转换（4）

- 在获得球权后，快速向前运球，将球运离对手，或快速将球传给处于反击位置上的同伴。
- 在反击时，传球要准确，且同伴容易处理。
- 避免1对1的情况，利用空间。
- 在反击时，支援并利用场地宽度。

### 转换（12）

- 在失去球权后，离球最近的队员首先快速保护/防守对手直接的出球线，或他的第一传球选择点，包括回传。
- 第二名队员回收，保护中路空间，迫使对手横传球。
- 在失去球权后，在对手的球权还没有完全安全的情况下快速追抢球。
- 快速行动，干扰对手将球转移进攻方向。

### 转换（13）

- 将球传出重获球权的这个区域，传给没有被盯防的同伴，准备开始进攻。
- 跑离获得球权的同伴，从而拉开空当，为同伴创造可以安全传球的选择。
- 利用身体护球，向空当运球，保持球权，寻找安全传球的机会。
- 如果对手身后有可利用的空间，快速运球，利用空间进行反击。

# 11 参考文献

Bandura, A.(1999). Social cognitive theory of personality; in: *Handbook of personality. Theory and Research;* Gilford Press, New York.

Bandura, A.(1999). *Self-efficacy: Towards a unifying theory of behavioural change;* Psychology Press, Taylor & Francis.

Bisanz, G. (2002) Success in Soccer, Vol. 1, *Basiv training,* Philippka, Münster/W.

Bisanz, G. (2002) Success in Soccer, Vol. 2, *Advanced Training,* Philippka, Münster/W.

Brueggemann, D.(2003). Fußball Handbuch, Band 3: *Coaching,* Hofmann, Schorndorf

Brueggemann, D.(1999). Fußball Handbuch, Band 2: *Kinder-und Jugendtraining,* Hofmann, Schorndorf.

Brueggemann, D./ Albrecht, D. (2003). Fußball Handbuch, Band 1; 5. neuüberarbeitete Auflage: *Modernes Fußballtraining,* Hofmann, Schorndorf.

Brueggemann, D./Fathi, M.(2003). Soccer-Guide, Volume 1: *Parents' Guide;* Authorhouse, Bloomington, USA

Duda, J.L(1993), Goals: A social cognitive approach to the study of achievement motivation in sport. In: *Handbook of Research in Sport Psychology,* Macmillan, New York.

Duda, J.L.(1996). Maximizing motivation in sport and physical education among Children and adolescents: the case for greater task in volvement, in: *Quest.*

Goleman, D.(1995): *Emotional Intelligence,* Bantam Books, New York.

Goleman, D.; Kaufman, P; Ray, M.(1993) *The Creative Spirit,* Penguin Books.

Hurrelmann, K.(1999). *Lebensphase Jugend. Eine Einführung in die Sozialwissenschaftliche Jugendforschung.* Juventa, Weinheim.

Oerter, R./montada, L.(Hrsg.), (2002). *Entwicklungspsychologie,* Beltz, Weinheim.

Reilly, T./Williams, A.M.(2003). *Science and Soccer, 2nd ed.* Routledge, London.

Williams, A.M.(2000). Perceptual skill in soccer: implications for talent identification and development, *Journal of Sports Sciences.* 18.

Williams, J.M.(1998). *Applied Sport Psychology: Personal Growth to Peak Performance,* 3rd ed., Mayfield, Mountain View, CA.

足球实战训练　比赛是最好的导师

# 版 权 声 明

书名：Soccer Alive-The Game is the Best Teacher

Copyright © 2008 by Meyer & Meyer Sport (UK) Ltd.

All rights reserved.Except for use in a review, the reproduction or utilization of this work in any form or by any electronic, mechanical, or other means, now known or hereafter invented, including xerography, photocopying, and recording, and in any information storage and retrieval system, is forbidden without the written permission of the publisher.

版权合同登记号：图字01-2012-0809

图书在版编目(CIP)数据

足球实战训练：比赛是最好的导师/(德)布吕格曼著；王新洛，曹晓东译．—北京：人民体育出版社，2016
ISBN 978-7-5009-4859-9

Ⅰ.①足… Ⅱ.①布… ②王… ③曹… Ⅲ.①足球运动–运动训练 Ⅳ.①G843.2

中国版本图书馆CIP数据核字(2015)第221401号

\*

人民体育出版社出版发行
三河兴达印务有限公司印刷
新 华 书 店 经 销

\*

787×1092 16开本 12印张 200千字
2016年7月第1版 2016年10月第1次印刷
印数：1—3,000册

\*

ISBN 978-7-5009-4859-9
定价：45.00元

社址：北京市东城区体育馆路8号（天坛公园东门）
电话：67151482（发行部） 邮编：100061
传真：67151483 邮购：67118491
网址：www.sportspublish.com

（购买本社图书，如遇有缺损页可与邮购部联系）